マイナンバー
利用本格化で
変わる
金融取引

野村総合研究所 未来創発センター
制度戦略研究室長

梅屋真一郎 著

銀行研修社

はしがき

　本書は、金融商品におけるマイナンバー制度への対応、特に預貯金へのマイナンバーの付番とその影響を中心に紹介します。この本を手に取るであろう金融機関、特に預金取扱金融機関の職員の方々にとって、今まで以上にマイナンバー制度への対応に配慮が必要です。どのようなことが行われるのか、業務はどのように変わるのか、金融機関職員としてどのように取り組むべきか、といったことに関して詳しくご紹介したいと思います。

　本題に入る前に、マイナンバー制度の全体像を俯瞰してみましょう。

　2016 年 1 月にマイナンバー制度がスタートして、2 年が経ちました。社会保障・税分野での利用を目的として導入されることが決定したマイナンバー制度は、全ての住民それぞれに 12 桁のマイナンバー、そして法人に法人番号が通知されることから始まりました。

　既に全住民の 9 割以上約 1 億 2 千万人の方々に通知カードは送付されています。これから生まれる赤ちゃんには、出生と共に一生使うマイナンバーが通知されます。

　既にマイナンバーはさまざまな分野での利用が開始しています。行政機関の窓口で行う多くの手続ではマイナンバーの届出が必要です。また、源泉徴収手続や確定申告のために、従業員は勤務先に、確定申告を行う方々は税務署への届出を行うこととなりました。

　今後は戸籍情報や旅券手続などにもマイナンバーが利用される予定です。

　このように日々の暮らしのさまざまなシーンにマイナンバーが密接に関連するようになると共に、マイナンバー制度に対する不満や疑問も語られるようになってきました。

一方で「マイナンバーなんてわずらわしいな」「マイナンバーを使えば何か良いことがあるのだろうか」といった意見があることも事実です。マイナンバーを使った手続は、本人確認など決められた手順をしっかり行う必要があります。その分手間がかかることも事実です。

　果たして、マイナンバーを使うことで何か住民にメリットがあるのでしょうか？

　マイナンバー制度は、元々「行政の効率化」と「国民の利便性向上」を大きな柱にしています。マイナンバーを導入することはこれらの大きなきっかけになるのです。既に、マイナンバーを活用することで行政窓口での手続の簡素化が進みつつあります。年末調整や確定申告手続の電子化や効率化なども数年以内に実現する予定です。このように「目に見えるメリット」が順次進んでいきます。

　また、本人確認など決められた手順をしっかり行う必要があることは、漏洩や悪用などを防ぐ安全・安心な仕組みであることの裏返しでもあります。「便利な仕組みである分、住民の方々の大切な情報はしっかりと守る」ということです。今後は住民の方々が意識しない分野でもマイナンバーが活用されていきます。そのためにも「守る」対応が必要なのです。

　金融の分野においても、マイナンバー制度への対応が開始されているのはご存知のとおりです。

　2016年1月から、投資信託口座のような有価証券取引や国外送金業務など、税務上の報告を税務署などに対して行う必要がある取引から、マイナンバーを取り扱うこととなっています。マイナンバーの取扱いに際しては、本人確認手続への対応や「ガイドライン」に沿った安全管理の対応などが必要であり、各金融機関はその対応に追われたと思います。預貯金口座、そして融資を除きほぼ全ての金融取引は何らかの形で税務手続の対象となっています。そのため、金融機関は事務規定の見直しや

2

体制強化、さらにはシステム改修などの対応に追われました。マイナンバー及び特定個人情報の取扱いは、従来の個人情報以上に扱いが厳格であり、ルールや手順にも注意が必要ですから、顧客対応の中でどのようにマイナンバーを取り扱うべきか苦慮された金融機関も多いのではないでしょうか。

そして、2018年1月からいよいよ預貯金口座へのマイナンバー付番（個人名義の場合。法人名義の口座では法人番号を付番）が始まります。

預貯金口座は他との金融商品と比べて、総口座数も数億と極めて多く、かつ実質的に金融機関の全ての顧客が保有する商品です。そのため、その影響範囲も他の金融商品以上に幅広くなります。また、預貯金という幅広く普及している金融商品の特性上、顧客からの問い合わせなども単に手続の手順などにとどまらない様々な分野に及ぶと予想されます。

2018年1月からの預貯金へのマイナンバー付番は、まず付番そのものは任意であり、口座保有者は届出を断ることも可能です。任意とのことで、金融機関としては有価証券取引ほどの影響がないのでは、といったことをお考えの方もいるでしょう。

しかしながら、預貯金への付番に関しては、開始後3年後をめどにその時点での付番状況を踏まえて制度の見直しを行うことになっており、仮に3年間の付番状況が思わしくない場合には付番そのものの義務化も行われる可能性があると言われています。

仮に義務化となると、預貯金口座数は膨大であることから、顧客への連絡や事務手続など、金融機関の業務への影響は非常に大きいと言えます。したがって、任意での付番の期間の間に、相当程度の預貯金口座への付番をしっかり行うことが求められます。決して「任意での付番だからそれ程の注力を行う必要はない」ということは「ありえない」のです。

とは言え、「そうはいっても預貯金口座へのマイナンバー付番に関する情報が少なく、どのように対応すればよいのか」と戸惑われている金

融機関も多いでしょう。

　残念ながら、預貯金へのマイナンバー付番に関して公開されている情報は必ずしも多くありません。そのため、実際にどのように事務を組み立てるべきか、筆者の元にも多くの方から問い合わせを頂いております。

　そこで本書では、公開されている各種情報と従来からの議論を基に、具体的にどのような事務対応を行うべきかを、本部担当者・営業店の責任者・営業店担当者等様々な立場の職員の方がどのように対応すべきかをまとめました。

　また、預貯金の性格上、多くの顧客から問い合わせが寄せられると思います。想定される顧客からの問い合わせとその対応も掲載しました。

　マイナンバー制度は、今後も幅広い分野に利用範囲が広がります。

　戸籍事務、旅券事務、自動車登録事務、など既に具体的な制度化に向けて準備が着々と進んでいます。また、マイナンバーカードやマイナポータル、さらにはマイナンバーと関連して医療分野でも医療等 ID といった仕組みを活用した制度整備が進みます。法人分野でも消費税の軽減税率制度に伴うインボイス導入は、マイナンバー制度と密接に関連しています。

　今後は行政が何らかの形で関わる手続の分野では、何らかの形で必ずマイナンバーが関わってくる世の中になります。

　その中で、金融機関にとっては、預貯金が対象となることでマイナンバーの取扱いは今まで以上により身近かつ重要になります。本書がそのお手伝いに少しでもなれれば幸いです。

2017 年 12 月

梅屋真一郎

目　次

はしがき

第1章　マイナンバー制度本格化がもたらす変革

1．金融取引とマイナンバー

（1）預金 ……………………………………………………………… 12

　① 預金口座とマイナンバー紐付け（預金付番）の概要………… 12

　② 預金付番を行うようになった背景……………………………… 14

　③ 預金付番されたマイナンバーの利用分野……………………… 16

　④ 預金付番に係る制度変更の方向性……………………………… 19

　⑤ 付番されたマイナンバーを顧客管理などに利用可能か？……… 20

　⑥ 非課税貯蓄・財形とマイナンバーの使われ方………………… 22

　⑦ 法人の定期性預金と紐付けされる法人番号の使われ方……… 26

（2）証券・保険 …………………………………………………… 28

　① 証券取引口座とマイナンバー紐付けの概要…………………… 28

　② 有価証券の譲渡損益・配当収益はマイナンバーで把握される…… 30

　③ 有価証券の保有残高（銘柄）はマイナンバーで

　　把握されるのか？……………………………………………… 31

　④ 保険取引とマイナンバー紐付けの概要………………………… 32

　⑤ 保険金（一時金／年金）受取はマイナンバーで把握される……… 34

　⑥ 医療情報とマイナンバーの紐付けで

　　告知・診察が不要になるのか？……………………………… 36

（3）その他の金融取引 …………………………………………… 38

　① 個人の借入金（住宅ローン等）はマイナンバーで

　　把握されるか？………………………………………………… 38

　② デリバティブや FX とマイナンバー ………………………… 40

　③ ビットコイン等仮想通貨取引とマイナンバー ……………… 41

　④ 法人の借入金は法人番号で把握されるか？………………… 43

5

2．所得とマイナンバー

① 給与、退職所得はマイナンバーで把握される……………………… 45

② 金地金・貴金属の売却益はマイナンバーで把握される………… 48

③ 不動産売却益、賃貸収入はマイナンバーで把握される………… 50

④ 報酬、賞金等収入はマイナンバーで把握される………………… 52

⑤ ゴルフ会員権や絵画等の資産譲渡所得とマイナンバー………… 55

⑥ 法人の事業所得と法人番号の関係はどうなっているか？……… 57

3．保有資産とマイナンバー

① 相続、贈与による資産移転はマイナンバーで把握されるのか？… 58

② 国内財産および債務の保有状況は
マイナンバーで把握されるのか？ ……………………………… 60

③ 海外財産の保有状況はマイナンバーで把握されるのか？……… 63

④ 国境をまたぐ有価証券の移動はマイナンバーで把握される…… 64

⑤ 個人資産と経営する会社の資産の境界線があいまいな場合は
どうなるか？ …………………………………………………… 66

⑥ 不動産保有状況はマイナンバーで把握されるのか？…………… 67

⑦ 金地金などの資産保有状況が正確に把握される可能性………… 68

4．税金関連等手続とマイナンバー

① サラリーマンの年末調整はマイナンバーのみで完了する見込み… 70

② 個人の確定申告および各種控除手続がマイナンバーのみで
完了する可能性…………………………………………………… 72

③ 確定申告とマイナンバーの現状………………………………… 73

④ マイナンバーが用いられる税務関連手続の現状………………… 75

⑤ 相続税・贈与税の申告とマイナンバー………………………… 77

⑥ 相続時の各種確認手続にマイナンバーを活用できる可能性…… 80

⑦ マイナンバーが用いられる社会保障関連手続の現状…………… 81

⑧ 戸籍関連手続にマイナンバーを活用できる可能性……………… 87

第2章　マイナンバー制度で知っておくべき基礎事項

1．制度全般

① マイナンバー制度の概要……………………………………… 90
② マイナンバーの付番対象……………………………………… 92
③ マイナンバー利活用の局面…………………………………… 94
④ マイナンバー制度のスケジュール…………………………… 96
⑤ 金融機関や一般企業への影響………………………………… 97
⑥ マイナンバーの取扱いに関する注意事項…………………… 99
⑦ マイナンバーを漏えいした場合の罰則………………………101
⑧ 「通知カード」「個人番号カード」とは何か…………………103
⑨ 「マイナンバーカード」と「通知カード」の違い …………105

2．制度活用の方向性

① 将来、どのような分野でマイナンバーは使われるのか？………107
② マイナンバーカードの利用メリット…………………………109
③ マイナポータルでできること…………………………………112

第3章　マイナンバー制度の金融業務への影響

1．マイナンバー提供が必要な金融業務

① マイナンバー制度が金融機関に与える影響…………………116
② 金融機関業務の中でマイナンバー対応が必要な業務………117
③ マイナンバーが記載される書類………………………………120
④ 金融機関が取り扱うマイナンバー……………………………121
⑤ マイナンバーを入手する方法…………………………………123
⑥ マイナンバーを申告してもらう手順…………………………125
⑦ 顧客がマイナンバーの提供を拒んだ場合……………………129
⑧ マイナンバーを変更した顧客への対応………………………131

7

2．マイナンバーの任意提供が必要な金融業務
　　①　預金付番に伴う金融機関への影響······················135
　　②　預金付番でのマイナンバー手続の方法················138
　　③　新規口座開設時にマイナンバー届出を顧客が申し出た場合········140
　　④　法人名義口座の手続の方法····························143
　　⑤　既に投信口座等でマイナンバーを届け出た顧客の預金付番········147
　　⑥　預金付番でマイナンバーの提供を拒否された場合··········150
　　⑦　マイナンバーの届出を行わなくても預貯金口座にマイナンバーが
　　　　登録される場合····································152

3．金融機関の行職員として留意すべきこと
　　①　マイナンバーの取扱いに際しての注意点················155
　　②　融資等の業務でマイナンバー記載の書類を受け取ることは
　　　　できるか？··156
　　③　安全管理に関して、金融機関行職員として注意すべきこと········160

第4章　顧客が抱く疑問・質問への対応策
1．個人顧客が抱く疑問・質問
　　①　マイナンバーは金融資産の管理強化が目的なのか？··········164
　　②　既に他金融機関（系列の証券会社など）にマイナンバーの届出を
　　　　行ったので不要では？································167
　　③　預金口座用にマイナンバーの提供を行わなければ、
　　　　預金付番はされないのか？····························169
　　④　預金口座の情報はすべて中身が筒抜けになるのか？··········172
　　⑤　マイナンバーを登録すると口座情報が他の金融機関にも
　　　　伝わるのか？··173
　　⑥　マイナンバーを届け出ると他の金融機関や税務署に資産残高が
　　　　把握されるのか？····································175

⑦　海外に資産移管すれば資産は把握されないでしょうか？…………176

⑧　マイナンバーが目的外に流用されることはないのか？……………179

⑨　金融機関がマイナンバーを漏えいした場合はどうなるのか？……182

⑩　マイナンバーについての問合せ窓口は？……………………………184

２．法人顧客が抱く疑問・質問

①　マイナンバー制度は企業経営に大きな影響を与えるのか？………185

②　法人は従業員・扶養家族のマイナンバーを
　　取得しなければならないのか？……………………………………189

③　すべての事業者は「個人番号関係事務実施者」、
　　「個人番号取扱事業者」なのか？　…………………………………192

④　法人のマイナンバー利用・管理に関する制約および罰則とは？…197

⑤　従業員の雇用・異動・退職時にもマイナンバー関連の手続が
　　必要か？……………………………………………………………199

⑥　「法人番号」はどのような局面で活用されますか？　………………201

⑦　法人の場合もマイナンバーの届出は任意か？………………………204

第 1 章

マイナンバー制度本格化が
もたらす変革

1	金融取引とマイナンバー

（1）預金

①　預金口座とマイナンバー紐付け（預金付番）の概要

1．2018 年 1 月より預貯金口座へもマイナンバーが紐付け

　従来、マイナンバー制度の対象外であった預貯金口座に関しても、2018 年 1 月よりマイナンバーが紐付けされることになりました。

　2015 年 9 月に、マイナンバー制度に関する法律である「特定の個人を識別するための番号の利用等に関する法律」（番号法）が改正され、預貯金口座も対象となりました。

　実際の預貯金口座へのマイナンバーの紐付け（付番）は 2018 年 1 月よりスタートします。

2．預貯金口座へのマイナンバーの届出は任意

　他の金融商品と異なり、預貯金に関する届出は任意です。これは、預貯金の口座数が他の金融商品と比較して極めて膨大だからだといわれています。つまり、当初から全ての口座にマイナンバーを付番するとなると金融機関側の事務負担が極めて重くなること、また口座保有者側への周知徹底と手続事務に鑑みて社会的な混乱を避ける必要があるといった理由からだと思われます。

12

第 1 章　マイナンバー制度本格化がもたらす変革

図表 1-1-1　預貯金取引とマイナンバーの関係

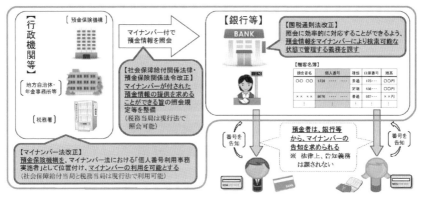

出所：財務省資料「預貯金付番に係る法整備の概要」

　マイナンバーの届出は任意ということは、望まない場合には届出を行わなくても何ら問題はない、ということです。
　仮にマイナンバーを届け出なくても、例えば税制面でのデメリットや預貯金口座を利用しての取引に制約が出るなどといったペナルティはありません。

3.　預金保険機構等の名寄せや行政機関による資力調査・税務調査で利用

　預貯金に付番したマイナンバーの利用範囲については、内閣府大臣官房番号制度担当室が作成した資料「個人情報の保護に関する法律及び行政手続における特定の個人を識別するための番号の利用等に関する法律の一部を改正する法律案（概要）＜マイナンバー法改正部分＞」（2015年2月16日）に分かりやすく書かれています。
　この説明資料によると、
　①　預金保険機構等によるペイオフのための預貯金額の合算において、マイナンバーを利用する。
　②　金融機関に対して社会保障制度に関する資力調査や税務調査を行

う際、マイナンバーが付された預金情報を効率的に利用できるよう
にする。

とされています。

つまり、預貯金に付番されたマイナンバーの利用範囲は、この2つ
の分野に限られ、他の事務で利用することはできないということに注意
してください。

② 預金付番を行うようになった背景

1. マイナンバー制度開始当初、預貯金口座は対象外

マイナンバー制度開始当初からほとんどの金融商品がマイナンバー制
度の対象となっていました。例えば、有価証券取引や、保険金や年金の
受取額が一定額以上の場合等、ほとんどの金融商品が個人単位の税務手
続を必要とするため、顧客にマイナンバー届出等の手続をとってもらう
ことが必要でした。

なぜ、預貯金だけが対象外とされたのでしょうか。それは、預貯金の
場合、税務手続の仕組みが他の金融商品とまったく異なるからです。預
貯金の利子所得については、原則として、その支払を受ける際、利子所
得の金額に一律15.315%（他に地方税5%）の税率を乗じて算出した
所得税・復興特別所得税が源泉徴収されます。つまり、預貯金の場合、
源泉分離課税制度が適用されるため利子所得に関する法定調書を個人単
位で提出する必要はありません。そのため制度開始時点において、預貯
金は制度の対象外とされたのです（法人名義の定期預金については、一
定額以上の利子の支払いを受ける場合に支払調書が作成されるため法人
番号が必要になります）。

14

2. 預貯金口座も制度の対象とすべきとの議論から法改正へ

　前述した理由から、預貯金を対象外としたままマイナンバー制度に関する法律（番号法）は 2013 年 5 月に成立しました。しかし、依然として『金融商品の中で大きなウェイトを占める預貯金についても対象とするべきではないか』ということから、同年 11 月、政府税制調査会の中に税制面におけるマイナンバーの利用に関する検討会が設置されることになったのです。そして、その検討会において、多くの委員から「預貯金に関しても付番を行うべき」という意見が相次ぎました。特に「預金保険機構によるペイオフの際、名寄せ等に積極的に活用するべきではないか」、あるいは「医療や介護等の社会保障における資力調査に有効活用するべきではないか」といった、単に税制にとどまらない幅広い範囲での利活用を求める意見が多く出されたのです。

　こうした議論を受け、検討会は早急に論点整理を行い、早くも 2014 年 4 月に「預貯金付番の制度整備を行うべき」という報告書を提出しました。そして、その報告書を根拠に改正個人情報保護法と合わせる形で番号法の改正案 (注 1) が国会に上程され、2015 年 9 月に成立したのです。

　実は、この 2015 年 9 月時点というのはまだマイナンバー制度がスタートする前です。つまり、預貯金を付番の対象にすることは当初から大きな課題としてあり、政府としても強力に推進する姿勢だったと思われます。

（注 1）個人情報の保護に関する法律及び行政手続における特定の個人を識別するための番号の利用等に関する法律の一部を改正する法律（2015 年 9 月 9 日法律第 65 号）

③ 預金付番されたマイナンバーの利用分野

1. 番号法で預貯金に付番されたマイナンバーの利用範囲を規定

　預貯金に付番したマイナンバーの利用範囲については、改正番号法（2015年9月成立）で規定しています。具体的な内容については、内閣府大臣官房番号制度担当室が作成した資料「個人情報の保護に関する法律及び行政手続における特定の個人を識別するための番号の利用等に関する法律の一部を改正する法律案（概要）＜マイナンバー法改正部分＞」（2015年2月16日）[注2] に分かりやすく書かれていますので、参照してください。

　この説明資料によると、

① 　預金保険機構等によるペイオフのための預貯金額の合算において、マイナンバーを利用する。

② 　金融機関に対して社会保障制度に関する資力調査や税務調査を行う際、マイナンバーが付された預金情報を効率的に利用できるようにする。

とされています。

　つまり、預貯金に付番されたマイナンバーの利用範囲は、この2つの分野に限られ、他の事務で利用することはできないということに注意してください。

（注2）http://www.kantei.go.jp/jp/singi/it2/senmon_bunka/number/dai8/siryou2.pdf

第 1 章 マイナンバー制度本格化がもたらす変革

2. 預金保険機構等のペイオフでの利用

　預金保険機構等によるペイオフでの利用については、内閣府大臣官房番号制度担当室が作成した資料「次期通常国会で個人情報保護法等と一括改正を予定しているマイナンバー法改正関係について（案）」（2014年 12 月 19 日）^(注3) の中で、預貯金付番に向けた当面の方針（案）として示されています。実際の対応は、この預貯金付番に向けた当面の方針（案）に沿って行われたようです。

　この当面の方針（案）では、預金保険機構等によるペイオフでの利用について、

> 番号法別表第一に、預金保険法又は農水産業協同組合貯金保険法に基づき、預金保険機構又は農水産業協同組合貯金保険機構が行う預貯金口座の名寄せ等にマイナンバーを利用できるよう規定し、預金保険法及び農水産業協同組合貯金保険法の省令において、預金保険機構又は農水産業貯金保険機構が金融機関の破たん時に資料の提出を求めることができる事項にマイナンバー及び法人番号を追加する。これにより、金融機関が個人番号関係事務実施者として預貯金者等に対してマイナンバーの告知を求めることができるようにする。

としています。

　つまり、預金保険機構等が行うペイオフ対応に際して、必要な預貯金口座の名寄せ事務等に番号を利用するとともに、預金保険機構等は金融機関に対してマイナンバーが付された預貯金情報の提供を求めることができるということです。これを金融機関側からみれば、預金保険機構等からマイナンバーを付与した顧客情報の提供を求められる可能性がある

（注 3）http://www.kantei.go.jp/jp/singi/it2/pd/dai13/siryou3.pdf

ので、それを前提に顧客情報を管理する必要があるということです。

3. 行政機関による税務調査や資力調査での利用

　行政機関による税務調査や資力調査での利用について、当面の方針（案）では、

> 番号法において、社会保障制度の資力調査でマイナンバーを利用できる旨を明らかにし、社会保障制度の資力調査の際、法律で銀行等に報告を求めることができる事項を規定しているものについて、マイナンバーを追加する。

とするとともに、

> 税務調査でマイナンバーを利用できる旨は規定済み。

としています。

　つまり、行政機関が行う社会保障給付に係る資産調査、国税・地方税の税務調査に際し、金融機関に対して番号を示すことで当該番号口座の情報提供ができるようになるということです。これを金融機関側からみれば、社会保障給付に係る資力調査・税務調査において、行政機関から提供された番号を検索し、該当する預貯金口座があればその情報を提供しなければいけないということです。

第 1 章　マイナンバー制度本格化がもたらす変革

④　預金付番に係る制度変更の方向性

1.　任意付番から開始する預貯金への付番は、付番開始後 3 年を目処に制度見直し

　今回の預金付番に関わる番号法改正に際しては、付番開始後 3 年を目途に制度見直しを行う旨、番号法の付則に明記されています。

　このことは、任意での付番が必ずしも進まなかった場合、制度そのものを見直すことを想定していると思われます。

個人情報の保護に関する法律及び行政手続における特定の個人を識別するための番号の利用等に関する法律の一部を改正する法律
附則　第 12 条
4　政府は、附則第一条第六号に掲げる規定の施行後三年を目途として、預金保険法（昭和四十六年法律第三十四号）第二条第一項に規定する金融機関が同条第三項に規定する預金者等から、又は農水産業協同組合貯金保険法（昭和四十八年法律第五十三号）第二条第一項に規定する農水産業協同組合が同条第三項に規定する貯金者等から、適切に個人番号の提供を受ける方策及び第七条の規定による改正後の番号利用法の施行の状況について検討を加え、必要があると認めるときは、その結果に基づいて、国民の理解を得つつ、所要の措置を講ずるものとする。

19

2. 付番の義務化を行う制度改正の可能性

任意での付番が必ずしも進まなかった場合、制度の見直しの際には、預金付番が義務付けられる可能性もあります。実際に、番号法改正案を閣議決定した際に、法律を担当する金融担当大臣は付番状況によっては義務化も視野に入れる旨、記者会見で述べています。

このように、3年後の見直しの際に預金付番が義務化される形での法律改正が行われ、全ての預金口座にマイナンバーの付番が行われる可能性があります。

⑤ 付番されたマイナンバーを顧客管理などに利用可能か？

1. 預貯金に付番されたマイナンバーの利用範囲は番号法で特定

預貯金に付番されたマイナンバーの利用範囲は、改正番号法により下記の2つと規定されています。

① 預金保険機構等によるペイオフのための預貯金額の合算において、マイナンバーを利用する。

② 金融機関に対して社会保障制度に関する資力調査や税務調査を行う際、マイナンバーが付された預金情報を効率的に利用できるようにする。

2. マイナンバーは大規模災害発生時に利用することも可能

なお、マイナンバーは税・社会保障以外に災害対策での利用も可能です。例えば、番号法9条第4項により、大規模災害時における金融資産の支払に際してマイナンバーを利用することができます。

内閣官房番号制度推進室の作成した「マイナンバー法の逐条解説」[注4]

図表 1-1-2　預金付番の利用範囲

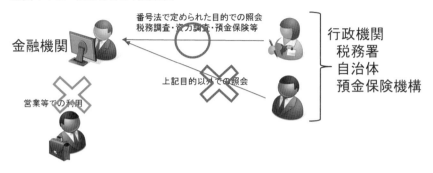

によれば、

> 災害が発生した場合に限り、被災者の預金等の金融資産の引出しや生命保険、損害保険及びそれに類する共済の保険金等の支払を円滑に行うため、税務署に提出する支払調書に記載するため等の目的で預金取扱金融機関、証券会社、生命保険会社、損害保険会社、共済が保有する個人番号を顧客検索のキーとして利用することを認める。

とされています。

つまり、改正番号法で規定している上記2つ以外に、災害時においても利用できるということです。

3. 特定個人情報であるマイナンバーの目的外利用は認められない

預貯金に付番されたマイナンバーについては、上記の3つの利用方法以外は番号法で認められていません。特定個人情報であるマイナンバーの目的外利用は厳格に禁止されていますので、この点をしっかりと理解し、決して目的外で利用しないよう注意することが重要です。

(注4) http://www.cao.go.jp/bangouseido/pdf/chikujou.pdf

マイナンバーの目的外利用については、もちろん金融機関だけでなく行政機関であっても預貯金に付番されたマイナンバーを他の目的で利用することは禁止されています。つまり、行政機関であっても無制約に預貯金情報等を取得できるわけではないということもあわせて理解しておいてください。

4. 顧客管理等で利用するのは目的外利用で法律違反

　マイナンバーと預貯金情報を紐付けて管理することを利用して、例えば金融機関が自身の顧客管理などに利用すると目的外利用となり、法律違反となります。マイナンバーを検索キーにして営業目的等で預貯金情報を検索したり、他のマーケティング情報と紐付けるなどの行為もすべて法律違反になるので十分注意してください。

⑥　非課税貯蓄・財形とマイナンバーの使われ方

1. マイナンバーは金融商品の税手続で利用

　顧客よりマイナンバーの提供を受ける必要がある金融取引としては、以下のものがあります。
- ・非課税貯蓄（マル優）関連取引
- ・特定口座関連取引
- ・少額投資非課税口座関連取引
- ・非課税財形（年金・住宅）関連取引
- ・国外送金関連取引
- ・年金保険
- ・貯蓄性保険　　等

これらはいずれも支払調書等税務署提出書類を作成する必要がある取

22

引にあたります。すなわち税務署提出書類にマイナンバーの記載が必要なために、マイナンバーの提供を顧客に求める必要があります。

2. 非課税貯蓄や財形取引では税務署への報告などで利用

　非課税貯蓄や財形取引に関しては、非課税貯蓄申告書や財産形成非課税住宅貯蓄申告書などをあらかじめ提出し、取引に際して非課税貯蓄申込書や財産形成非課税住宅貯蓄申込書などを提出する必要があります。これらの報告に際してマイナンバーの記載が必要となる書類があることから、マイナンバーの提出を顧客に求める必要があります。

　これらの提出に際しては、投資信託口座などの有価証券取引と同様の手続を行うことになります。

3. 非課税貯蓄や財形取引に関する書類はマイナンバー記載対象の見直しに該当する書類も

　なお、2016年3月31日に公布された「所得税法等の一部を改正する法律」によりマイナンバー記載対象書類の見直しが行われました。この見直しによりマイナンバーの記載を要しないとされた主な書類は**図表1-1-3**のとおりです。詳しくは次のURL（https：//www.nta.go.jp/mynumberinfo/jizenjyoho/kaisei/280401.htm）を参照ください。

　ここにあるように、非課税貯蓄や財形取引の申込書などはマイナンバーの記載を要しなくなりました。

　ただし、**図表1-1-4**のような書類は見直し以降も番号の記載を有する書類です。

　ここにあるように、非課税貯蓄や財形取引の申告書などはマイナンバーの記載を要します。

　このように同じ非課税貯蓄や財形取引の書類であっても、マイナンバーの記載を要する書類と要しない書類がある点に注意が必要です。

図表 1-1-3　マイナンバーの記載を要しない書類の一覧（抜粋）

【2016 年 4 月 1 日以後適用分】

【所得税関係】

・給与所得者の保険料控除申告書

・給与所得者の配偶者特別控除申告書

・給与所得者の（特定増改築等）住宅借入金等特別控除申告書

・非課税貯蓄申込書

・非課税貯蓄相続申込書

・非課税貯蓄に関する資格喪失届出書

・特別非課税貯蓄申込書

・特別非課税貯蓄相続申込書

・特別非課税貯蓄に関する資格喪失届出書

・財産形成非課税住宅貯蓄申込書

・財産形成非課税年金貯蓄申込書

・財産形成非課税住宅貯蓄限度額変更申告書

・財産形成非課税年金貯蓄限度額変更申告書

・転職者等の財産形成非課税住宅貯蓄継続適用申告書

・転職者等の財産形成非課税年金貯蓄継続適用申告書

・海外転勤者の財産形成非課税住宅貯蓄継続適用申告書（国内勤務申告書）

・海外転勤者の財産形成非課税年金貯蓄継続適用申告書（特別国内勤務申告書）

・財産形成非課税住宅貯蓄廃止申告書

・財産形成非課税年金貯蓄廃止申告書

・財産形成年金貯蓄の非課税適用確認申告書

・財産形成年金貯蓄者の退職等申告書

・財産形成年金貯蓄者の退職等申告書を提出した者の異動申告

第 1 章　マイナンバー制度本格化がもたらす変革

図表 1-1-4　マイナンバーの記載を要する書類の一覧（抜粋）

- 非課税貯蓄申告書
- 非課税貯蓄限度額変更申告書
- 非課税貯蓄に関する異動申告書
- 非課税貯蓄廃止申告書
- 非課税貯蓄みなし廃止通知書
- 特別非課税貯蓄申告書
- 特別非課税貯蓄限度額変更申告書
- 特別非課税貯蓄に関する異動申告書
- 特別非課税貯蓄廃止申告書
- 財産形成非課税住宅貯蓄申告書
- 財産形成非課税年金貯蓄申告書
- 財産形成非課税住宅貯蓄に関する異動申告書（勤務先異動申告書）
- 財産形成非課税年金貯蓄に関する異動申告書（勤務先異動申告書）
- 財産形成非課税住宅貯蓄に関する届出書
- 財産形成非課税年金貯蓄に関する届出書

⑦ 法人の定期性預金と紐付けされる法人番号の使われ方

1. 法人の定期性預貯金は支払調書の作成対象

　租税特別措置法において、個人の預貯金は支払調書の作成対象外ですが、法人預金の利子に係る支払調書は、それを支払う金融機関等に支払調書の提出義務があります。

　定期性預貯金でその年中の利子が3万円以上の場合は、利子等の支払調書が作成されています。

2. 利子等の支払調書に番号欄が追加

　マイナンバー制度の導入に伴い、利子等の支払調書は**図表 1-1-5** のように番号欄が追加されました。

　金融機関は、調書作成対象となる法人の法人番号を支払調書に記載することが必要となります。

　記載対象となる法人は、自社の法人番号を金融機関等に提供して支払調書に記載してもらうことが必要となります。

3. 法人の定期性預金に紐付けされる法人番号は税手続で利用

　上記のように、法人の定期性預金に紐付けされる法人番号は、利子等の支払調書作成に伴う税手続で利用されます。

　この手続は従来からの手続であり、マイナンバー制度の導入に伴い、法人番号での管理が行えるようになった点だけが追加されています。

図表 1-1-5　利子等の支払調書

平成　　年分　利子等の支払調書

支払を受ける者	住所（居所）又は所在地		
	氏名又は名称		個人番号又は法人番号

種別	記号・番号	支払金額又は分配金額	源泉徴収税額	支払確定又は支払年月日
		千　円	千　円	年　月　日

（摘要）	

支払者	住所（居所）又は所在地		
	氏名又は名称	（電話）	個人番号又は法人番号
支払の取扱者	所在地		
	名称	（電話）	法人番号

整理欄	①	②

○「個人番号又は法人番号」欄に個人番号（12桁）を記載する場合には、右詰で記載します。

374

4. 預貯金付番制度の開始で利用範囲が拡大

また、2018年１月からの預貯金付番制度の開始に伴い、預金保険機構等の名寄せや税務調査等でもマイナンバーを利用することになりました。個人の預金や法人名義の普通預金口座等と共に、法人の定期性預金についても、すでに届出を受けている法人番号が上記名寄せや税務調査等で利用されることになりました。

（2）証券・保険

① 証券取引口座とマイナンバー紐付けの概要

1. 制度の開始に伴い有価証券取引口座にマイナンバーが紐付け

　2016 年 1 月に開始したマイナンバー制度では、社会保障・税手続で
マイナンバーを利用します。投資信託などの有価証券取引口座は、各種
書類を税務署に提出する必要はありますので、マイナンバーの届出が必
要となります。

　例えば**図表 1-1-6** に掲げたような金融機関が作成する書類には、マ
イナンバーの記載が必要になります。

図表 1-1-6　金融機関が作成するマイナンバー記載書類（個人取引の代表例）

書類名	関連金融取引
利子等の支払調書	公共債窓販
国外公社債等の利子等の支払調書	投信・公共債窓販
国外投資信託等又は国外株式等の支払調書	投信窓販
投資信託又は特定受益証券発行信託収益の分配の支払調書	投信窓販
オープン型証券投資信託収益の分配の支払調書	投信窓販
生命保険契約等の一時金の支払調書	保険窓販
生命保険契約等の年金の支払調書	保険窓販
損害保険契約等の満期返戻金等の支払調書	保険窓販
損害保険契約等の年金の支払調書	保険窓販
上場証券投資信託等の償還金等の支払調書	投信窓販
特定口座年間取引報告書	投信・公共債窓販
非課税口座年間取引報告書	投信・公共債窓販
国外送金等調書	海外送金

第 1 章　マイナンバー制度本格化がもたらす変革

図表 1-1-7　有価証券取引で金融機関が税務署に提出する書類（例）

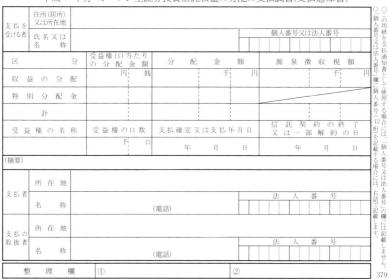

2. 有価証券取引口座へのマイナンバーの届出は必ず行う必要がある

有価証券取引口座に関わる上記書類では法定記載事項としてマイナンバーを記載する必要があります。このため、口座保有者は必ず金融機関にマイナンバーを届ける必要があります。その際には、本人確認手続も行う必要があります。

金融機関は、新規に口座を開設する顧客ならびに既に口座を保有する顧客からマイナンバーを届けてもらう必要があります。

なお、2016年1月時点で既に口座を保有している顧客に関しては、3年の猶予措置があります。それまでの間は、上記書類への番号記載が猶予されます。

② 有価証券の譲渡損益・配当収益はマイナンバーで把握される

1. 有価証券の譲渡損益や配当収益がある場合は金融機関が税務署提出書類を作成

有価証券の譲渡損益や配当収益がある場合には、金融機関が税務署提出書類を作成します。例えば、特定口座を保有している場合には「特定口座年間取引報告書」が作成され、一般口座を保有している場合には、「株式等の譲渡の対価等の支払調書」や「投資信託又は特定受益証券発行信託収益の分配の支払調書」「オープン型証券投資信託収益の分配の支払調書」などが作成されます。これらは税務署に金融機関から提出されます。

第 1 章　マイナンバー制度本格化がもたらす変革

2. 税務署提出書類には、マイナンバーが記載される

　これらの税務署提出書類には、マイナンバーが記載されます。金融機関は顧客からマイナンバーの届出を受ける必要があります。

　このように税務署に譲渡損益や配当収益に関する書類が提出されますので、これらの損益はマイナンバーで把握されることになります。

③　有価証券の保有残高 (銘柄) はマイナンバーで把握されるのか？

1. 有価証券の譲渡損益や配当収益がある場合、税務署に提出する書類には銘柄等の情報も記載

　前項②で紹介したように、有価証券の譲渡損益や配当収益がある場合、特定口座年間取引報告書や支払調書等が税務署に提出されますが、これらの書類には譲渡損益や配当収益が発生した銘柄や譲渡株数・口数などが記載されます（図表 1-1-8）。

図表 1-1-8　主な税務署提出書類と記載事項の例

書類	主な記載事項
特定口座年間取引報告書	特定口座を通じた株式や株式投信などの取引について、銘柄名、株数・口数、売却額、取得額、配当・分配等の金額、手数料、利益額など
株式等の売却の対価等の支払調書	一般口座を通じた株式や株式投信などの取引について、銘柄名、株数・口数、売却額など
オープン型証券投資信託収益の分配の支払調書	一般口座を通じたオープン型証券投資信託の分配について、受益権の名称、分配金額など

31

2. 必ずしも保有銘柄や保有残高そのものを直接把握するわけではない

なお、これらはあくまでも譲渡損益や配当収益などが発生した分が記載されます。必ずしも保有銘柄や保有残高そのものを全て記載するわけではありません。

例えば、分配や配当等がなく、取引も行わない銘柄に関しては、これらの税務署提出書類には記載されません。

3. マイナンバーでの税務調査は可能

ただし、有価証券取引口座とマイナンバーは紐付きますので、マイナンバーを利用して税務署が税務調査を行い、保有状況を把握することは可能です。

④ 保険取引とマイナンバー紐付けの概要

1. 保険金や年金の支払い等の手続に際してマイナンバーの届出が必要

2016年1月のマイナンバー制度の開始に伴い、保険金等の支払いの際に税務署に提出する支払調書等に、保険契約者および保険金等受取人のマイナンバーを記載することが必要になりました。このため、保険金や年金の支払い等に関わる手続でマイナンバーの届出が必要になります（図表 1-1-9 参照）。

第 1 章　マイナンバー制度本格化がもたらす変革

図表 1-1-9　マイナンバーの届出が必要になる主な保険関連手続

- ・満期保険金の請求手続
- ・死亡保険金の請求手続
- ・生存保険金の請求手続
- ・健康祝金の請求手続
- ・返戻金（還付金）の請求手続
- ・年金の支払に関する手続

2. 契約者・受取人のマイナンバー届出が必要

　生命保険や損害保険などの保険契約は、有価証券取引などと異なり、契約者のほかに受取人が存在します。

　税務署に提出する支払調書等には契約者と受取人の両方を記載する必要があり、これらの人のマイナンバーの記載を行う必要があります。このため、保険の契約者ならびに受取人の両方のマイナンバーを届け出ることが必要となります。

3. 保険の契約者変更・受取人変更とマイナンバーの関係

　一方、契約者変更や受取人変更の段階ではまだ支払調書の作成はされません。そのため、契約者変更や受取人変更の段階ではマイナンバーを届け出る必要はありません。

図表 1-1-10　マイナンバー届出に関する生命保険協会の告知

生命保険ご契約者・受取人の皆様へ　一般社団法人 生命保険協会

マイナンバー申告のお願い

マイナンバーとは・・・

- 日本国内の全住民に付番される、一人ひとり異なる12桁の番号です。行政の効率化、国民の利便性の向上、公平・公正な社会の実現を目的に、社会保障、税、災害対策の行政手続において利用されます。法律で定められた事務の範囲を超えてマイナンバーを取得・利用・提供することは禁じられております。

生命保険会社におけるマイナンバーの取扱い

- 平成28年1月から生命保険会社は、保険金等のお支払いの際に税務署に提出する**支払調書等に、保険契約者および保険金等受取人のマイナンバーを記載すること**が義務付けられております。

出所：生命保険協会

⑤ 保険金（一時金／年金）受取はマイナンバーで把握される

1. 税務署に提出する支払調書等には、契約者・受取人のマイナンバーを記載

　保険金等の支払いの際に保険会社が税務署に提出する支払調書等に、保険契約者および保険金等受取人のマイナンバーを記載することが必要です。このため、保険金受取等の手続に際しては、契約者及び受取人からマイナンバーの届出を受けることが必要です。

図表 1-1-11　生命保険契約等の一時金の支払調書

平成　　　年分 生命保険契約等の一時金の支払調書

保険金等受取人	住所（居所）又は所在地		氏名又は名称	
			個人番号又は法人番号	
保険契約者等（又は保険料等払込人）			氏名又は名称	
			個人番号又は法人番号	
被保険者等			氏名又は名称	

保険金額等	増加又は割増保険金額等	未払利益配当金等	貸付金額、同未収利息
千　円	千　円	千　円	千　円
未払込保険料等	前納保険料等払戻金	差引支払保険金額等	既払込保険料等
千　円	千　円	千　円	千　円

保険事故等		保険事故等の発生年月日	年　月　日	（摘要）
保険等の種類		保険金等の支払年月日	年　月　日	

保険会社等	所在地			
	名称	（電話）	法人番号	
整理欄	①		②	

○「個人番号又は法人番号」欄に個人番号（12桁）を記載する場合には、右詰で記載します。

310

2. 支払調書等の作成対象となる保険金等受取はマイナンバーで把握

保険金や年金の受取がある場合、例えば以下のような場合に保険会社は支払調書を作成し、税務署に提出します。

① 受け取った保険金・解約返戻金等の一時金が 100 万円を超える場合

② 年間の年金支払額が 20 万円を超える場合や相続等生命保険年金に該当する場合

これらの場合、保険契約者と共に受取人に関してもマイナンバーを記載することが必要です。これにより、保険金等の受取は受取人のマイナンバーで把握することが可能となっています。

⑥　医療情報とマイナンバーの紐付けで告知・診療が不要になるのか？

1.　医療分野でもマイナンバーと同等の仕組みを検討している

　医療分野でもマイナンバーと平仄を合わせる形で共通番号の導入検討が進んでいます。ただし、医療分野ではマイナンバーそのものではなく、医療分野専用の番号「医療等 ID」を利用する予定です。医療分野での番号は 2018 年度より段階的に運用を開始する予定です（**図表 1-1-12**）。

　あわせて、マイナンバー制度に伴い交付が開始されたマイナンバーカードを使った、医療保険のオンラインでの資格確認も 2018 年度から順次開始される予定です（**図表 1-1-13**）。オンラインでの資格確認では、マイナンバーカードを病院等に設置された専用端末にかざすだけで、健康保険の確認手続が行えます。また、診察券も兼ねることができる予定です。

2.　マイナンバーそのものと医療情報が直接紐付くわけではない

　なお、この「医療等 ID」とマイナンバーは直接紐付くわけではありません。

　これは、仮に医療情報とマイナンバーが直接紐付くと、所得等の情報も含めて個人情報が全て一元的に把握・管理されるのでは、との懸念を払拭するためです。

　このため、例えば生命保険の契約に際して、マイナンバーを利用することで告知・診療が不要になることはありません。

第 1 章　マイナンバー制度本格化がもたらす変革

図表 1-1-12　医療等 ID の利用イメージ

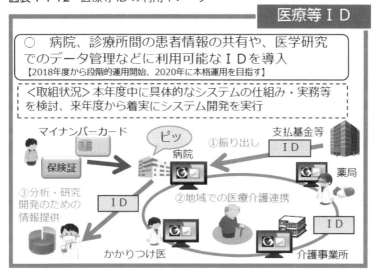

図表 1-1-13　医療保険資格のオンライン確認

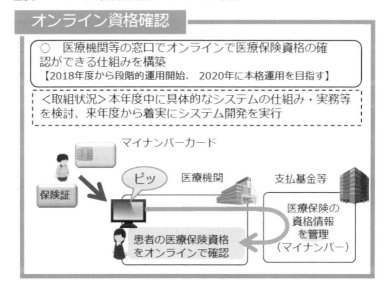

(3) その他の金融取引

① 個人の借入金（住宅ローン等）はマイナンバーで把握されるか？

1. 個人の借入金はマイナンバー制度の利用対象外

マイナンバーは「税・社会保障・災害対策」の分野で利用されます。これ以外の分野でマイナンバーを使うことは民間でも国や自治体でも「法律違反」になるのです。

住宅ローンやカードローン等の借金は、税金や社会保障の手続と関係がありません。また、今回新たにマイナンバー制度の対象になった預貯金に関してもあくまでも預貯金口座に関する付番であり、住宅ローンそのものは対象となっていません。

このように、マイナンバーの制度の対象となる手続と関係ありませんから、住宅ローンがマイナンバーと紐付くことはありません。

もちろん、住宅ローンやカードローンなどを利用するからといってマイナンバーの届出を行ってもらう必要もありません。つまり、マイナンバーと借金の情報は無関係なのです。

2. 勝手に金融機関が借金の管理にマイナンバーを使うと法律違反に

金融機関や融資を行うローン会社などがマイナンバーで借入額等の把握や管理等を行ったりすることは、目的外の利用となり法律で禁じられています。マイナンバーが管理に便利だからといって、借金の管理に使うことは法律で禁じられているのです。仮に、金融機関やローン会社がマイナンバーの提出を要求し、密かにそうしたことを行っていれば大変厳しい罰則の対象になります。

第1章　マイナンバー制度本格化がもたらす変革

このようなことから、金融機関が独自に住宅ローン等の借金の管理にマイナンバーを使うことはあり得ません。

3. クレジットカードもマイナンバーと紐づかない

同様に、クレジットカードもマイナンバーと紐付きません。クレジットカードはあくまでも購入とその支払いで、税金や社会保障の手続には関係ないからです。

そのため、ある人の購入履歴とマイナンバーを紐付けるようなことは、そもそもやってはいけないことなのです。

なお、住宅ローンに関してだけは将来的にマイナンバーと紐付く可能性があります。

2019年度以降、年末調整手続を「マイナポータル」を使って行うこ

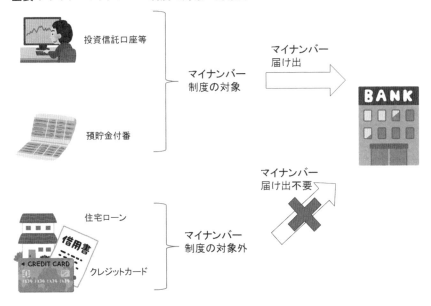

図表1-1-14　マイナンバー制度の対象・対象外

とが予定されています。その際、現在紙での交付や提出となっている借入金年末残高証明書も電子化が進む可能性があります。その際に、住宅ローンにマイナンバーを紐付けて管理することになる可能性はあります。

　ただし、あくまでも将来的な可能性の話です。現時点では、住宅ローン等の借金とマイナンバーは紐付きません。

②　デリバティブやFXとマイナンバー

1．デリバティブ取引でもマイナンバーの届出は必要

　デリバティブ取引を行った場合には、取引業者は税務署に「先物取引に関する支払調書」を提出します。この支払調書にもマイナンバーの記載が必要ですので、デリバティブ取引を行う取引業者に対してマイナンバーの届出が必要です。

2．FX取引でもマイナンバーの届出は必要

　同様に、FX取引を行った場合にも、取引業者は税務署に「先物取引に関する支払調書」を提出します。上記のとおり、この支払調書にはマイナンバーの記載が必要ですので、FX取引を行う取引業者に対してマイナンバーの届出が必要です。

　なお、デリバティブ取引ならびにFX取引のマイナンバー届出は有価証券取引と同じ3年の経過措置（2018年末まで）の適用対象です。

第1章　マイナンバー制度本格化がもたらす変革

図表 1-1-15　先物取引に関する支払調書

平成　　年分　先物取引に関する支払調書

先物取引の差金等決済をした者	住所（居所）										
	氏　名					個　人　番　号					

先物取引の種類		決済の方法	決済損益の額	手数料等の額	決済年月日
			千　　　　円	円	年　月　日
数　量		決済時の約定価格等	千　　円　銭	限月等	年　月　日
先物取引の種類		決済の方法	決済損益の額	手数料等の額	決済年月日
			千　　　　円	円	年　月　日
数　量		決済時の約定価格等	千　　円　銭	限月等	年　月　日
先物取引の種類		決済の方法	決済損益の額	手数料等の額	決済年月日
			千　　　　円	円	年　月　日
数　量		決済時の約定価格等	千　　円　銭	限月等	年　月　日

（摘要）

商品先物取引業者又は金融商品取引業者等	所在地							
	名　称	（電話）			法　人　番　号			

整　理　欄	①		②	

347

③　ビットコイン等仮想通貨取引とマイナンバー

1.　ビットコインなどの仮想通貨取引の税務上の扱いが明確化

　従来、税務上の取り扱いが不明確であった仮想通貨取引ですが、国税庁のHP（タックスアンサー）において、ビットコインを使用することにより生じる損益については原則雑所得に区分されることとされました（**図表 1-1-16**）。

41

図表 1-1-16　ビットコイン（仮想通貨）による利益の課税関係

国税庁タックスアンサー

　No.1524　ビットコインを使用することにより利益が生じた場合の課税関係

［平成 29 年 4 月 1 日現在法令等］

　ビットコインは、物品の購入等に使用できるものですが、このビットコインを使用することで生じた利益は、所得税の課税対象となります。

　このビットコインを使用することにより生じる損益（邦貨又は外貨との相対的な関係により認識される損益）は、事業所得等の各種所得の基因となる行為に付随して生じる場合を除き、原則として、雑所得に区分されます。

（所法 27、35、36）

　このタックスアンサーでは、ビットコインのみ記載されていますが、他の仮想通貨取引も同様であると考えられます。

2.　確定申告が必要となるので、マイナンバーの届出が必要となる

　これにより、ビットコイン取引での利益は雑所得として確定申告を行うことになります。

　確定申告書にはマイナンバーの記載が必要となりますので、マイナンバーの届出が必要です。

第 1 章　マイナンバー制度本格化がもたらす変革

④　法人の借入金は法人番号で把握されるか？

1．法人の借入金はマイナンバー制度（税・社会保障・災害対策）の利用対象外

　マイナンバーは「税・社会保障・災害対策」の分野で利用されます。

　法人の借入金は、税金や社会保障の手続と関係がありません。また、今回新たにマイナンバー制度の対象になった預貯金に関してもあくまでも預貯金口座に関する付番であり、借入金そのものは対象となっていません。

　このように、マイナンバーの制度の対象となる手続と関係ありませんから、法人の借入金が税関連の手続で法人番号と紐付くことはありませ

図表 1-1-17　個人・法人の借入金と番号制度

個人の借入金

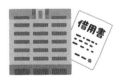

43

ん。

　もちろん、借入金があるからといって法人番号の届出を行う必要もありません。

2. 法人番号で金融機関が独自に管理することは可能

　ただし、マイナンバーと異なり、法人番号を利用して金融機関が独自に貸付金などの情報を管理することは可能です。

　個人に対して金融機関や融資を行うローン会社などがマイナンバーで借入額等の把握や管理等を行ったりすることは、目的外の利用となり法律で禁じられています。マイナンバーが管理に便利だからといって、ローンの管理に使うことは法律で禁じられているのです。

　一方、法人番号に関してはマイナンバー制度の利用範囲以外での利用も可能となっています。例えば、金融機関が顧客である法人を管理するために法人番号を利用することは可能です。

　このようなことから、金融機関が独自に法人に対する貸付金などの管理に法人番号を使うことは可能です（**図表 1-1-17**）。

第1章 マイナンバー制度本格化がもたらす変革

2 所得とマイナンバー

① 給与、退職所得はマイナンバーで把握される

1. 企業が行う源泉徴収手続ではマイナンバーが必要

　企業が行う源泉徴収手続にはマイナンバーが必要です。これは、給与所得の源泉徴収票等の各種源泉徴収票にマイナンバーの記載欄が設けられ、給与の支払いを受ける者のマイナンバーを記載することが必要になったためです。

2. 給与所得がある場合は雇用形態にかかわらずマイナンバーを届出

　給与所得がある場合には、正社員だけではなく雇用形態にかかわらず全ての従業員がマイナンバーを届け出ることが必要です（**図表 1-2-1**）。

図表 1-2-1　給与所得に関するマイナンバー収集の対象

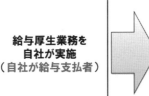

図表 1-2-2　給与所得の源泉徴収票

平成　　　年分　　**給与所得の源泉徴収票**

				（受給者番号）		
支払を受ける者	住所又は居所			（個人番号）		
				（役職名）		
				氏名 （フリガナ）		

種別	支払金額	給与所得控除後の金額	所得控除の額の合計額	源泉徴収税額
	内　　　千　　　円	千　　　円	千　　　円	内　　　千　　　円

控除対象配偶者の有無等	配偶者特別控除の額	控除対象扶養親族の数（配偶者を除く。）			16歳未満扶養親族の数	障害者の数（本人を除く。）		非居住者である親族の数
		特定	老人	その他		特別	その他	
有　従有	千　　円	人　従人	内　　人　従人	人　従人	人	内　　人	人	人

社会保険料等の金額	生命保険料の控除額	地震保険料の控除額	住宅借入金等特別控除の額
内　　千　　円	千　　円	千　　円	千　　円

（摘要）

生命保険料の金額の内訳	新生命保険料の金額	円	旧生命保険料の金額	円	介護医療保険料の金額	円	新個人年金保険料の金額	円	旧個人年金保険料の金額	円

住宅借入金等特別控除の額の内訳	住宅借入金等特別控除適用数	居住開始年月日（1回目）	年　月　日	住宅借入金等特別控除区分（1回目）	住宅借入金等年末残高（1回目）	円
	住宅借入金等特別控除可能額	居住開始年月日（2回目）	年　月　日	住宅借入金等特別控除区分（2回目）	住宅借入金等年末残高（2回目）	円

控除対象配偶者	（フリガナ）		区分	配偶者の合計所得	国民年金保険料の金額	旧長期損害保険料の金額
	氏名					円
	個人番号					

控除対象扶養親族	1	（フリガナ）		区分	16歳未満の扶養親族	1	（フリガナ）		区分	（備考）
		氏名					氏名			
		個人番号								
	2	（フリガナ）		区分		2	（フリガナ）		区分	
		氏名					氏名			
		個人番号								
	3	（フリガナ）		区分		3	（フリガナ）		区分	
		氏名					氏名			
		個人番号								
	4	（フリガナ）		区分		4	（フリガナ）		区分	
		氏名					氏名			
		個人番号								

未成年者	外国人	死亡退職	災害者	乙欄	本人が障害者 特別　その他	寡婦 一般　特別	寡夫	勤労学生	中途就・退職 就職　退職　年　月　日	受給者生年月日 明　大　昭　平　年　月　日

支払者	個人番号又は法人番号	（右詰で記載してください。）
	住所(居所)又は所在地	
	氏名又は名称	（電話）

整理欄		

第 1 章　マイナンバー制度本格化がもたらす変革

3. 退職所得の源泉徴収票にもマイナンバーが記載される

　同様に、退職所得の源泉徴収票にもマイナンバーが記載されます。

　これにより、退職所得に関してもマイナンバーで把握が行えるように
なっています。

　なお、給与所得の源泉徴収票も退職所得の源泉徴収票も本人交付分は
マイナンバーが記載されません。

　これは、2015 年 10 月 2 日に所得税法施行規則等の改正が行われ、
本人交付分の源泉徴収票にはマイナンバーを記載されないことになった
ためです。

　ただし、税務署提出分にはマイナンバーが記載されて提出されますの

図表 1-2-3　退職所得の源泉徴収票・特別徴収票

平成　　　年分　退職所得の源泉徴収票・特別徴収票

支払を受ける者	個人番号			
	住所又は居所			
	平成　　　年1月1日の住所			
	氏　名	(役職名)		

区　　分	支払金額	源泉徴収税額	特別徴収税額	
			市町村民税	道府県民税
所得税法第201条第1項第1号並びに地方税法第50条の6第1項第1号及び第328条の6第1項第1号適用分	千　円	千　円	千　円	千　円
所得税法第201条第1項第2号並びに地方税法第50条の6第1項第2号及び第328条の6第1項第2号適用分				
所得税法第201条第3項並びに地方税法第50条の6第2項及び第328条の6第2項適用分				

退職所得控除額	勤　続　年　数	就　職　年　月　日	退　職　年　月　日
万円	年	年　　月　　日	年　　月　　日

(摘要)

支払者	個人番号又は法人番号		(右詰で記載してください。)
	住所(居所)又は所在地		
	氏名又は名称	(電話)	

整　理　欄	①	②	

316

47

で、勤務先へのマイナンバーの届出が必要であるとともに、税務手続としては退職所得がマイナンバーで把握されることに変わりはありません。

②　金地金・貴金属の売却益はマイナンバーで把握される

1. 金地金の売却・譲渡はマイナンバーの届出が必要

金地金は、「売却・譲渡」を行った場合、次のような税の手続が発生するのでマイナンバーの届出が必要となります。

①　200万円以上の「金地金」を、「売却」または「交換した」場合、取引業者は「金地金等の譲渡の対価の支払調書」を税務署に提出する必要があり、顧客は「自分のマイナンバー」を、取引業者に届け出る必要がある。

② 「相続時」「贈与時」に、金地金が資産としてカウントされるので、金地金の譲渡について相続あるいは贈与に関わった当事者は税務署に届け出る必要がある。

相続：財産を取得した全ての人の課税価格合計が基礎控除額を超える時、財産を取得した人は相続税の申告を行う

贈与：贈与時の時価が年間110万円の非課税枠を超える時、贈与を受けた人は贈与税の申告を行う

このように、金地金であっても「他者への譲渡」により「税の手続が発生した」場合、必ずマイナンバーと紐付けられ、売却益はマイナンバーで把握されます。

第1章　マイナンバー制度本格化がもたらす変革

図表 1-2-4　金地金等の譲渡の対価の支払調書

平成　　年分　金地金等の譲渡の対価の支払調書

| 支払を受ける者 | 住所(居所) | | | | | | |
| | 氏　名 | | | | 個　人　番　号 | | |

金地金等の種類	重　量	数　量	支　払　金　額	支払確定年月日
			千　　円	・　・
				・　・
				・　・
				・　・

(摘要)

| 支払者 | 住所(居所)又は所在地 | | | |
| | 氏名又は名称 | (電話) | 個人番号又は法人番号 | |

整　理　欄	①	②

○個人番号又は法人番号欄に個人番号(12桁)を記載する場合には、右詰で記載します。

2. 価額30万円以上の貴金属の譲渡はマイナンバー届出が必要

　なお、金地金以外の貴金属の購入や保管に関しては、該当する税務手続がありません。そのため、マイナンバーの届出は不要であり、マイナンバーと紐付くこともありません。

　ただし、価額30万円以上の貴金属の譲渡による所得は課税対象であり、確定申告を行うことが必要になります。その際には、マイナンバーの届出が必要となります。

49

③　不動産売却益、賃貸収入はマイナンバーで把握される

1. 個人が不動産を売却・賃貸している場合マイナンバーの届出が必要

　個人が不動産を売却または賃貸している場合で、以下の条件に該当する場合には、取引先（買主または借主）が法人または不動産業を営んでいる個人であるならば、その取引先へのマイナンバーの届出が必要です。

　① 　不動産の売却…同一の取引先からの売買代金の受取金額の合計が、年間100万円を超える場合

　② 　不動産の賃貸…同一の取引先からの家賃・地代などの受取金額の合計が、年間15万円を超える場合

　なお、取引先が主として建物の賃貸借の代理や仲介を目的とする事業を営んでいる個人の場合は、マイナンバーの届出は不要です。

　マイナンバーの届出を受けた取引先は、収集したマイナンバーを「不動産等の譲受けの対価の支払調書」や「不動産の使用料等の支払調書」などの法定調書に記載し、税務署に提出します。

図表 1-2-5　不動産売却益、賃貸収入はマイナンバーで把握

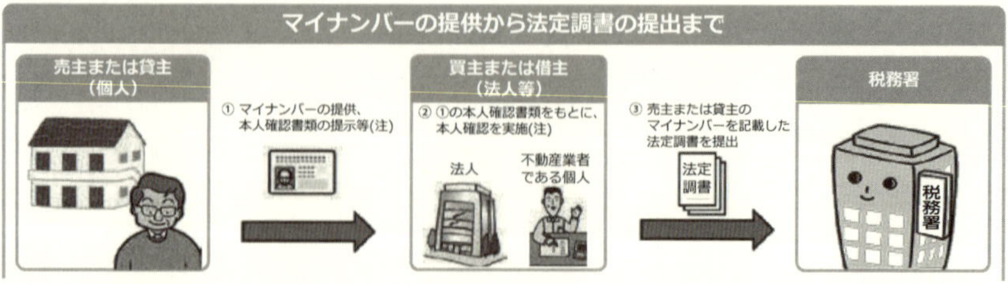

出所：国税庁資料より作成

図表 1-2-6　不動産売却・賃貸収入に関する支払調書

平成　　年分　不動産等の譲受けの対価の支払調書

| 支払を受ける者 | 住所(居所)又は所在地 | | | | | |
| | 氏名又は名称 | | | | 個人番号又は法人番号 | |

物件の種類	物件の所在地	細目	数量	取得年月日	支払金額
				年　月　日	千　　　円
				・　・	
				・　・	
				・　・	

(摘要)

をあっせんした者	住所(居所)又は所在地		支払確定年月日	あっせん手数料
	氏名又は名称		年　月　日	千　　　円
	個人番号又は法人番号		・　・	

| 支払者 | 住所(居所)又は所在地 | | | |
| | 氏名又は名称 | (電話) | 個人番号又は法人番号 | |

| 整理欄 | ① | | ② | |

○個人番号又は法人番号欄に個人番号(12桁)を記載する場合には、右詰で記載します。

376

平成　　年分　　不動産の使用料等の支払調書

| 支払を受ける者 | 住所(居所)又は所在地 | | | | | |
| | 氏名又は名称 | | | | 個人番号又は法人番号 | |

区分	物件の所在地	細目	計算の基礎	支払金額
				千　　　円

(摘要)

をあっせんした者	住所(居所)又は所在地		支払確定年月日	あっせん手数料
	氏名又は名称		年　月　日	千　　　円
	個人番号又は法人番号		・　・	

| 支払者 | 住所(居所)又は所在地 | | | |
| | 氏名又は名称 | (電話) | 個人番号又は法人番号 | |

| 整理欄 | ① | | ② | |

○個人番号又は法人番号欄に個人番号(12桁)を記載する場合には、右詰で記載します。

313

　取引先は、所得税法等により、法定調書に不動産の売主または貸主のマイナンバーを記載することが義務付けられているので、必ずマイナンバーを収集することが求められます。

④ 報酬、賞金等収入はマイナンバーで把握される

1. 報酬、賞金などの収入がある場合マイナンバーの届出が必要に

　原稿料や講演料、デザイン料など、給与とは別に個人的に依頼を受けて行った場合の収入は報酬となり、支払調書作成の対象になります。

　図表 1-2-7 に掲げた事項に該当する場合、「報酬、料金、契約金及び賞金の支払調書」の提出が必要です。

　「報酬、料金、契約金及び賞金の支払調書」には、マイナンバーの記載欄がありますので、これらの報酬・賞金を得た場合には、マイナンバーの届出が必要です。

2. 副業などの収入がある場合

　ここでは、マイナンバーで副業が勤務先に知れてしまうかどうかのみを解説します。

　まずマイナンバーの仕組みだけでは、自動的に「副業」を発見できません。ただし、従業員が副業等で収入が多い場合、勤務先が従業員の副業に気付く可能性があります。毎年、自治体は勤務先に「特別徴収税額通知書」を送付します。この通知書には、前年の所得に基づき決定した住民税の「特別徴収税額」（給与天引きされる住民税額）が各従業員ごとに記載されています。このため、副業等の収入が多く、前年の収入合計が多かった場合、決定した「特別徴収税額」は「自社の給与額からの想定額」よりも多く記載され、またその「決定の元となる所得」も記載されています（しかし、合計所得のみで、どこから所得を得たのか、所得の種類までは記載されていません）。

　これにより、企業の人事・総務部門では、自社が払っている以上に住

第1章　マイナンバー制度本格化がもたらす変革

図表 1-2-7　報酬、賞金などの収入と支払調書の関係

国税庁タックスアンサー　No.7431
「報酬、料金、契約金及び賞金の支払調書」の提出範囲と提出枚数等
（1）　外交員、集金人、電力量計の検針人及びプロボクサー等の報
　　　酬、料金、バー、キャバレー等のホステス等の報酬、料金、広告
　　　宣伝のための賞金については、同一人に対するその年中の支払金
　　　額の合計額が 50 万円を超えるもの
（2）　馬主に支払う競馬の賞金については、その年中の 1 回の支払
　　　賞金額が 75 万円を超えるものの支払を受けた者に係るその年中
　　　の全ての支払金額
（3）　プロ野球の選手などに支払う報酬、契約金については、その
　　　年中の同一人に対する支払金額の合計額が 5 万円を超えるもの
（4）　弁護士や税理士等に対する報酬、作家や画家に対する原稿料
　　　や画料、講演料等については、同一人に対するその年中の支払金
　　　額の合計額が 5 万円を超えるもの
（5）　社会保険診療報酬支払基金が支払う診療報酬については、同一
　　　人に対するその年中の支払金額の合計額が 50 万円を超えるもの

民税額と収入が多いことを把握できます。その場合、企業の人事・総務
部門は、従業員が社外で何らかの収入を得ている可能性を考えます。こ
のため、副業が発見される可能性があるのです。特にマイナンバー制度
により、税の捕捉がより行いやすくなるため、今まで以上に副業が発見
されやすいのではないか、このような懸念をお持ちの方も多いようです。
　ただし、例えば副業が「原稿料」などの報酬や賞金など、既に述べた
「報酬、料金、契約金及び賞金の支払調書」の対象のみの場合（雑所得
のみ）、確定申告を行う際に「雑所得分」の「住民税は給与からの天引

53

図表1-2-8　報酬、料金、契約金及び賞金の支払調書

平成　年分　報酬、料金、契約金及び賞金の支払調書

支払を受ける者	住所(居所)又は所在地							
	氏名又は名称				個人番号又は法人番号			
区　分		細　目		支払金額		源泉徴収税額		
				内　　　千　　　円		内　　　千　　　円		
(摘要)								
支払者	住所(居所)又は所在地							
	氏名又は名称		(電話)		個人番号又は法人番号			
整　理　欄		①			②			

○「個人番号又は法人番号」欄に個人番号（12桁）を記載する場合には、右詰で記載します。

309

きである特別徴収ではなく、自分で支払う」と申告すれば、特別徴収額は給与所得分から変わらず、通知書記載の所得も給与所得分のみとなります。これで企業は副業分の収入を把握できません。仮に上記のような副業発見の懸念をお持ちであれば、このような対応を行うことで発見を回避できます。

　ただし、例えばコンビニエンスストアでのアルバイトのように、副業収入を「給与所得」としてもらっている場合は「主たる給与所得の支払先」である企業（この場合は本業の勤務先）宛てに、勤務先と副業先分を合わせた所得に基づく住民税の金額が送付されます（特別徴収税額の通知書が送付されます）。この住民税額が、給与が同じくらいの他の社員より多いことで、副業が判明する可能性があります。つまり、他者か

54

第 1 章　マイナンバー制度本格化がもたらす変革

ら給与所得を得ている場合は副業発見を回避できません。事業者は源泉手続のために、従業員のマイナンバーを税務署に届け出ますので、マイナンバー制度により、今まで以上に把握されることになります。

⑤　ゴルフ会員権や絵画等の資産譲渡所得とマイナンバー

1.　ゴルフ会員権や絵画等の譲渡所得がある場合には確定申告が必要

　土地建物や株式等を売った場合を除き、資産を売ったときの譲渡所得は、給与所得や事業所得などの所得と合わせて総合課税の対象となります。

　ゴルフ会員権や絵画などを売却して所得がある場合にも、譲渡所得としての税務上の取り扱いが必要です。

　国税庁のタックスアンサーによれば、「譲渡所得の対象となる資産には、…、金地金、宝石、書画、骨とう、船舶、機械器具、漁業権、取引慣行のある借家権、ゴルフ会員権、…などが含まれます」とあります。

　これらの譲渡所得に関しては確定申告が必要になります。

2.　確定申告に際してマイナンバーを届け出ることが必要になる

　確定申告書には、マイナンバーの記載欄があります。このため、これらの譲渡所得がある場合にはマイナンバーの届出が必要になるのです。

55

図表 1-2-9　確定申告書

FA0123

＿＿＿＿税務署長　＿＿年＿＿月＿＿日　平成□□年分の所得税及び復興特別所得税の　　申告書B

第一表（平成二十九年分以降用）

住所（又は事業所 事務所 居所など）	〒
平成　年1月1日の住所	
個人番号	
フリガナ	
氏名	
性別 男 女	職業 / 屋号・雅号 / 世帯主の氏名 / 世帯主との続柄
生年月日	電話番号 自宅・勤務先・携帯

受付印　（単位は円）　種類 青色 分離 国出 損失 修正　特農の表示 特農　整理番号　翌年以降送付不要

区分	項目	番号	金額
収入金額等	事業 営業等	㋐	
	事業 農業	㋑	
	不動産	㋒	
	利子	㋓	
	配当	㋔	
	給与	㋕	
	雑 公的年金等	㋖	
	雑 その他	㋗	
	総合譲渡 短期	㋘	
	総合譲渡 長期	㋙	
	一時	㋚	
所得金額	事業 営業等	①	
	事業 農業	②	
	不動産	③	
	利子	④	
	配当	⑤	
	給与 区分	⑥	
	雑	⑦	
	総合譲渡・一時 ㋘+{(㋙+㋚)×½}	⑧	
	合計	⑨	
所得から差し引かれる金額	雑損控除	⑩	
	医療費控除 区分	⑪	
	社会保険料控除	⑫	
	小規模企業共済等掛金控除	⑬	
	生命保険料控除	⑭	
	地震保険料控除	⑮	
	寄附金控除	⑯	
	寡婦、寡夫控除	⑱	0000
	勤労学生、障害者控除	⑲〜⑳	0000
	配偶者（特別）控除 区分	㉑〜㉒	0000
	扶養控除	㉓	0000
	基礎控除	㉔	0000
	合計	㉕	

区分	項目	番号	金額
税金の計算	課税される所得金額（⑨−㉕）又は第三表	㉖	000
	上の㉖に対する税額 又は第三表の㊱	㉗	
	配当控除	㉘	
	区分	㉙	
	（特定増改築等）住宅借入金等特別控除 区分	㉚	
	政党等寄附金等特別控除	㉛〜㉝	
	住宅耐震改修特別控除 住宅特定改修・認定住宅新築等特別税額控除 区分	㉞〜㊲	
	差引所得税額（㉗−㉘−㉙−㉚−㉛−㉜−㉝−㉞−㉟−㊱−㊲）	㊳	
	災害減免額	㊴	
	再差引所得税額（基準所得税額）（㊳−㊴）	㊵	
	復興特別所得税額（㊵×2.1%）	㊶	
	所得税及び復興特別所得税の額（㊵+㊶）	㊷	
	外国税額控除 区分	㊸	
	所得税及び復興特別所得税の源泉徴収税額	㊹	
	所得税及び復興特別所得税の申告納税額（㊷−㊸−㊹）	㊺	
	所得税及び復興特別所得税の予定納税額（第1期分・第2期分）	㊻	
	所得税及び復興特別所得税の第3期分の税額（㊺−㊻） 納める税金	㊼	00
	還付される税金	㊽	△
その他	配偶者の合計所得金額	㊾	
	専従者給与（控除）額の合計額	㊿	
	青色申告特別控除額	51	
	雑所得・一時所得等の所得税及び復興特別所得税の源泉徴収税額の合計額	52	
	未納付の所得税及び復興特別所得税の源泉徴収税額	53	
	本年分で差し引く繰越損失額	54	
	平均課税対象金額	55	
	変動・臨時所得金額 区分	56	
延納の届出	申告期限までに納付する金額	57	00
	延納届出額	58	000

←復興特別所得税額の記入をお忘れなく。

還付される税金の受取場所：銀行・金庫・組合・農協・漁協　本店・支店・出張所・本所・支所　郵便局名等　預金種類 普通 当座 納税準備 貯蓄　口座番号 記号番号

整理欄：区分 A B C D E F G H I J K　異動 年 月 日 L　管理　名簿　補完　確認

税理士署名押印 電話番号 ㊞

税理士法第30条の書面提出有　税理士法第33条の2の書面提出有

納管　事務　住民　資産　総合　分離　検算　通信日付印　年月日　一連番号

第1章 マイナンバー制度本格化がもたらす変革

⑥ 法人の事業所得と法人番号の関係はどうなっているか？

1. 法人税の各種様式には、法人番号の記載が必要

　事業者が税務署に提出する各種様式には法人番号の記載欄が追加されました。法人の事業所得に関わる法人税などの様式にも同様に法人番号の記載欄が追加されています。

　事業者は、様式に自社の法人番号を記載して提出することになります。

図表 1-2-10　法人税申告書

3 保有資産とマイナンバー

① 相続、贈与による資産移転はマイナンバーで把握されるのか？

1. 相続税・贈与税手続にもマイナンバーの届出が必要

相続税の申告書ならびに贈与税の申告書にはマイナンバーの記載欄が追加されました。

相続税の申告書には相続人のマイナンバー、贈与税の申告書には贈与を受けた人のマイナンバーを記載します。これにより、相続税や贈与税が発生する場合には、マイナンバーと紐付くことになりました。

図表 1-3-1　相続税の申告書

相続税の申告書　FD3557

＿＿税務署長
＿＿年＿＿月＿＿日 提出

相続開始年月日＿＿年＿＿月＿＿日

※申告期限延長日　年　月　日

○フリガナは、必ず記入してください。

第1表（平成29年分以降用）

	各人の合計	財産を取得した人
フリガナ	（被相続人）	
氏名		㊞
個人番号又は法人番号		↓個人番号の記載に当たっては、左端を空欄としここから記入してください。
生年月日	年　月　日（年齢　歳）	年　月　日（年齢　歳）
住所（電話番号）		〒（　－　－　）
被相続人との続柄／職業		
取得原因	該当する取得原因を○で囲みます。	相続・遺贈・相続時精算課税に係る贈与
※整理番号		
課税価格の　取得財産の価額（第11表③）①	円	円
相続時精算課税適用財産の価額（第11の2表1⑦）②		
債務及び葬式費用の金額（第13表3⑦）③		
純資産価額（①+②−③）（赤字のときは0）④		

2. 資産移転そのものをマイナンバーで直接把握するわけではない

マイナンバーは社会保障・税分野の手続が利用範囲です。そのため、資産移転そのものをマイナンバーで直接に把握するわけではありません。

ただし、相続や贈与によって受け取った有価証券、保険金等については、税務署に以下のような書類が提出されます。これらには、マイナンバーが記載されますので、税務署はマイナンバーで把握可能になります。

・特定口座年間取引報告書

・生命保険金・共済金受取人別支払調書　　等

図表 1-3-2　贈与税の申告書

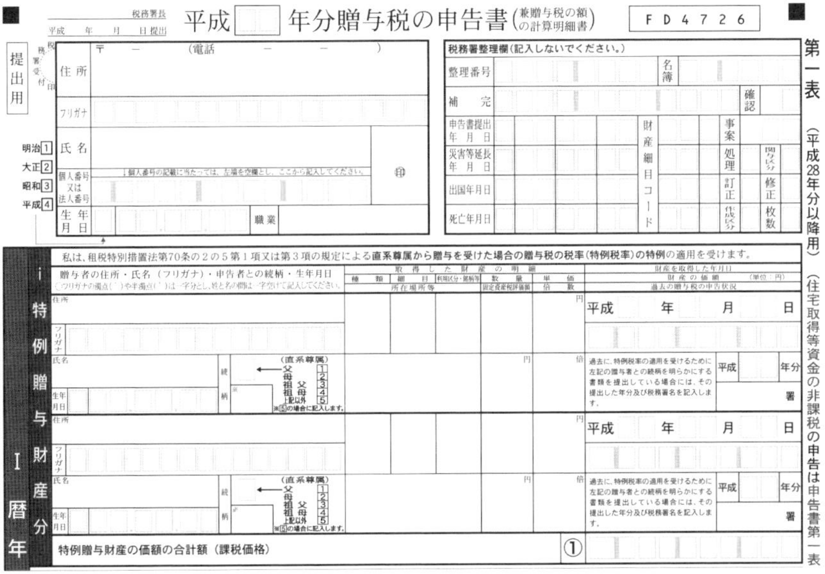

税務署長
平成　年　月　日提出

平成□年分贈与税の申告書（兼贈与税の額の計算明細書）　FD4726

第一表（平成28年分以降用）

提出用

住所　〒　（電話　－　－　）
フリガナ
氏名　印
個人番号又は法人番号
生年月日　明治1 大正2 昭和3 平成4　職業

税務署整理欄（記入しないでください。）
整理番号　名簿
補完　確認
申告書提出年月日　財産細目コード　事案処理
災害等延長年月日
出国年月日　訂正　修正
死亡年月日　枚数

I 暦年課税分　i 特例贈与財産分

私は、租税特別措置法第70条の２の５第１項又は第３項の規定による直系尊属から贈与を受けた場合の贈与税の税率（特例税率）の特例の適用を受けます。

贈与者の住所・氏名（フリガナ）・申告者との続柄・生年月日
取得した財産の明細（種類・細目・利用区分・銘柄等・数量・単価・所在場所等・固定資産税評価額・倍数）
財産を取得した年月日／財産の価額（単位：円）／過去の贈与税の申告状況

住所／フリガナ／氏名／続柄（直系尊属）父1 母2 祖父3 祖母4 上記以外5 ※5の場合に記入します。／生年月日
平成　年　月　日
過去に、特例税率の適用を受けるために左記の贈与者との続柄を明らかにする書類を提出している場合には、その提出した年分及び税務署名を記入します。　平成　年分　署

住所／フリガナ／氏名／続柄（直系尊属）父1 母2 祖父3 祖母4 上記以外5 ※5の場合に記入します。／生年月日
平成　年　月　日
過去に、特例税率の適用を受けるために左記の贈与者との続柄を明らかにする書類を提出している場合には、その提出した年分及び税務署名を記入します。　平成　年分　署

特例贈与財産の価額の合計額（課税価格）　①

（住宅取得等資金の非課税の申告は申告書第一表）

図表 1-3-3　相続税・贈与税に関するマイナンバー記載が必要な書類

書類名称	マイナンバー記載対象者
相続税申告書	被相続人、財産を取得した人
贈与税申告書第一表	納税者
異議申立書	異議申立人
審査請求書	審査請求人
生命保険金・共済金受取人別支払調書	保険金受取人 保険契約者等
損害（死亡）保険金・共済金受取人別支払調書	保険金受取人 保険契約者等
退職手当金等受給者別支払調書	受給者 退職者
信託に関する受益者別（委託者別）調書	受益者 特定委託者 委託者
相続税の納税猶予の継続届出書	届出者
贈与税の納税猶予の継続届出書	届出者
租税特別措置法第40条の規定による承認申請書（第1表　単独提出者・共同提出の代表者用）	申請者

②　国内財産および債務の保有状況はマイナンバーで把握されるのか？

1. 財産債務調書制度の対象者は、財産・債務の保有状況を把握される

　財産債務調書にはマイナンバーの記載が必要です。これにより、調書を提出しなければならない人（給与や事業収入等の合計である年間総所得が2,000万円超、かつ、財産を3億円以上または有価証券等を1億円以上保有）はマイナンバーの届出を行う必要があります。

　財産債務調書には、財産と債務の明細を記載しますので、対象者は財

第 1 章　マイナンバー制度本格化がもたらす変革

図表 1-3-4　金融機関が作成するマイナンバー記載書類（個人取引の代表例）

書類名	関連金融取引
利子等の支払調書	公共債窓販
国外公社債等の利子等の支払調書	投信・公共債窓販
国外投資信託等又は国外株式等の支払調書	投信窓販
投資信託又は特定受益証券発行信託収益の分配の支払調書	投信窓販
オープン型証券投資信託収益の分配の支払調書	投信窓販
生命保険契約等の一時金の支払調書	保険窓販
生命保険契約等の年金の支払調書	保険窓販
損害保険契約等の満期返戻金等の支払調書	保険窓販
損害保険契約等の年金の支払調書	保険窓販
上場証券投資信託等の償還金等の支払調書	投信窓販
特定口座年間取引報告書	投信・公共債窓販
非課税口座年間取引報告書	投信・公共債窓販
国外送金等調書	海外送金

産・債務の保有状況をマイナンバーで把握されることになります。

2. 有価証券などの金融商品に関わる税手続ではマイナンバーが紐付く

　有価証券などの金融商品に関わる税手続では、例えば**図表 1-3-4** のような支払調書が作成されます。これらにはマイナンバーが記載されますので、マイナンバーが紐付くことになります。

3. 当面は任意だが、預貯金口座にもマイナンバーは紐付く

　2018 年 1 月からは、預貯金口座にもマイナンバーが付番されます。当面は任意での付番となりますが、これらも付番されたマイナンバーは、行政機関の資力調査・税務調査で利用するので、預貯金口座に関しても把握が可能になります。

4. 不動産そのものに直接マイナンバーは紐付かない

　不動産取引に関しても、例えば以下のような法定調書にマイナンバーが記載されます。

　例えば、土地・建物・駐車場を貸していたり他人から不動産を譲り受けたりした場合に作成される調書です。つまり不動産取引等の税手続にはマイナンバーが紐付くことになります。

　・不動産の使用料等の支払調書
　・不動産等の譲受けの対価の支払調書
　・不動産等の売買又は貸付けのあっせん手数料の支払調書
　・非居住者等に支払われる不動産の使用料等の支払調書
　・非居住者等に支払われる不動産の譲受けの対価の支払調書

　また、自治体の税務システムでは、固定資産台帳に住民基本台帳から取得したマイナンバーを登録する作業は制度的に認められていることから、自治体によっては行っていると言われています。

　このように、税手続としては、マイナンバーは紐付きます。

　ただし、登記事務そのものはマイナンバーの利用範囲外ですので、不動産登記にはマイナンバーが紐付きません。

5. 債務そのものはマイナンバーと紐付かない

　住宅ローンやカードローン等の債務は、税金や社会保障の手続と関係がありません。また、今回新たにマイナンバー制度の対象になった預貯金に関してもあくまでも預貯金口座に関する付番であり、住宅ローン等の債務そのものは対象となっていません。

　このように、債務そのものはマイナンバーと紐付きません。

第 1 章　マイナンバー制度本格化がもたらす変革

③　海外財産の保有状況はマイナンバーで把握されるのか？

1．5,000万円超の国外財産を保有する場合はマイナンバー届出

　日本の居住者が、5,000万円を超える「国外財産」を保有している場合には、「国外財産調書」を税務署へ提出する必要が生じます。この「国外財産調書」にはマイナンバーの記載が必要となりました。つまり、5,000万円を超える国外財産を保有している場合には、マイナンバーの届出が必要なのです。

　マイナンバーの届出には、「本人確認」（身元確認書類による身元確認　通知カード等による番号確認）が必要になります。このため、本人確認を行った上でマイナンバーを届け出ることになります。

2．2018年以降は外国との金融口座の情報交換がスタート

　なお、日本を含むOECD加盟国やシンガポール・香港等は2018年末までに外国の居住者に係る金融口座情報の自動的交換を行う「共通報告基準（CRS）」制度の導入を行う予定です。

　この制度に則って、日本では2017年1月以降新たに金融機関に口座開設を行う場合には税務上の居住地を記載した届出書の提出が必要となりました。

　このCRS制度は、各国の金融当局がそれぞれに把握している外国人の金融口座の情報をお互いに交換する仕組みです。例えば、日本人がシンガポールに預金口座を保有した場合、その情報をシンガポール政府から日本政府に自動的に送られるようになります。これにより、海外資産の捕捉がより確実にできるようになります。

　例えば日本の税務署が、海外にある金融資産の情報を本人が日本で申

63

告している以外でも把握できるようになるのです。これらの国々では口座開設の際に身元確認を行っていますので、口座保有者が簡単に把握できるのです。

外国側の制度が、非居住者の番号届出を要求している場合にはマイナンバーでの把握が可能になりますが、現時点でマイナンバーの届出が必要な国は特に報告されていません。ただし、海外の税務当局も日本でマイナンバー制度がスタートしたことは把握しており、今後届出を求める国も現れる可能性があります。

今後はこれらの制度とマイナンバーが組み合わさって、より正確な捕捉が行えるようになると考えられます。

④　国境をまたぐ有価証券の移動はマイナンバーで把握される

1. 有価証券の海外への移管および国内への受け入れにもマイナンバーの届出が必要

国境を越えて有価証券（株や債券など）の証券口座間の移管を行った場合に調書の提出を義務付ける「国外証券移管等調書」制度が、2015年1月1日以後の移管から適用されています。

これは「国内証券口座から国外証券口座へ」または「国外証券口座から国内証券口座へ」の有価証券の移管に際して金融機関が「国外証券移管等調書」を税務署に提出を行う制度です。有価証券の移管を依頼する者は金融機関に国外証券移管等をする者の告知書を提出することが必要ですが、この告知書にもマイナンバーの届出が必要になります。

第1章　マイナンバー制度本格化がもたらす変革

図表 1-3-5　国外証券移管等調査

平成　　年分　国 外 証 券 移 管 等 調 書

国 外 証 券 移 管 者 又 は 受 入 者	住所(居所)又は所在地								○ 個人番号又は法人番号 欄 に 個 人 番 号 (12 桁) を 記 載 す る 場 合 に は 、 右 詰 で 記 載 し ま す 。
	氏 名 又 は 名 称				個人番号又は法人番号				
国 外 証 券 移 管 等 区 分	1.国外証券移管・2.国外証券受入れ			国外証券移管等年月日		年　　月　　日			
国外証券移管等の相手方の氏名又は名称									
国外の金融商品取引業者等の営業所等の名称									
国外証券移管等に係る相手国名									
国 外 移 管 等 を し た 有 価 証 券									
種類	銘柄	株数又は口数	額　面　金　額						
			外貨額		外貨名	円換算額			
		株(口)					千　　円		
移管等の原因となる取引又は行為の内容									
(備考)									
金融商品取引業者等	所 在 地								
	名　　称	(電話)			法　人　番　号				
整 理 欄	①		②						

373

2. 国外送金にもマイナンバーの届出が必要

　同様に、「100万円超」の海外送金に関しては、その報告書に相当する「国外送金等に係る調書」を金融機関が税務署に提出する必要があります。この「国外送金等に係る調書」にはマイナンバーの記載が必要です。そのため、このような国外送金の際には、マイナンバーの届出が必要となります。

65

⑤ 個人資産と経営する会社の資産の境界線があいまいな場合はどうなるか？

1. 法人登記と代表者個人のマイナンバーは、関連性を持たない

　マイナンバーの利用範囲は、社会保障・税分野などに限定されます。法人登記に際しては、例えば代表者などのマイナンバーは必要ありません。

　このため、法人と代表者などのマイナンバーが紐付くことはありません。このため、個人資産と法人資産をマイナンバーで一元的に管理することはできません。

2. 個人事業の屋号名で開設している預金と個人預金との紐付けは行われる可能性がある

　ただし、個人事業の屋号で開設している預金と個人預金の紐付けは行われる可能性があります。

　例えば「○○商店」という名義の個人預金口座がある場合、通常「○○商店」という屋号とともに事業主の連名となっている口座と考えられます。この場合、マイナンバーの口座への付番を行う際には事業主のマイナンバーの届出と事業主の本人確認を行うと考えられます。そのため、事業主個人の預金口座との紐付けが容易になると考えられます。

　ただし、この改正番号法では法律上、預金口座へのマイナンバーの告知義務は課されないとされていますので、付番そのものを行わないことも考えられ、その場合当然マイナンバーでの紐付けは行われません。個人事業主の方が「番号を届け出たくない」と申し出てきた際には、そのまま届け出てもらわなくて構いません（顧客サポートの観点から経緯等の記録を取ることをおすすめします）。

第1章　マイナンバー制度本格化がもたらす変革

　ただし、マイナンバーの届出が必要な取引（投信口座）では届出は義務であること、またその際には本人からの届出がなくても預金口座に付番することには留意しましょう。

　なお、税務当局は現行法でも金融機関等に対して預金情報の照会は可能です。

⑥　不動産保有状況はマイナンバーで把握されるのか？

1. 不動産取引等の税手続にはマイナンバーが紐付くが、不動産そのものには直接はマイナンバーは紐付かない

　不動産取引に関しては、例えば以下のような法定調書にマイナンバーが記載されます。これらは、土地・建物・駐車場を貸していたり他人から不動産を譲り受けたりした場合に作成される調書です。
　・不動産の使用料等の支払調書
　・不動産等の譲受けの対価の支払調書
　・不動産等の売買又は貸付けのあっせん手数料の支払調書
　・非居住者等に支払われる不動産の使用料等の支払調書
　・非居住者等に支払われる不動産の譲受けの対価の支払調書
　また、自治体の税務システムでは、固定資産税台帳に住民基本台帳から取得したマイナンバーを登録する作業は制度的に認められていることから、自治体によっては固定資産税台帳とマイナンバーの紐付けを行っていると言われています。
　このように税手続としては、マイナンバーは紐付きます。
　ただし、登記事務そのものはマイナンバーの利用範囲外ですので、不動産登記にはマイナンバーが紐付きません。
　そのため、不動産保有状況そのものはマイナンバーで把握されないと

67

考えられます。

⑦　金地金などの資産保有状況が正確に把握される可能性

1.　マイナンバーで金地金などの資産保有状況を把握することは現時点では行われない

　金地金や貴金属、絵画などの資産を保有していても、マイナンバーで把握されることはないのでしょうか。

　マイナンバーは原則社会保障・税の手続で利用されます。したがって、該当する税や社会保障の手続がない場合には、マイナンバーの届出は不要です。

　金地金や貴金属、絵画などの資産の購入や保管に関しては、該当する税務手続がありません。そのため、マイナンバーの届出は不要であり、マイナンバーと紐付くこともありません。

　なお、財産債務調書の届出が必要な方は、マイナンバーの届出も必要ですので、調書に記載される範囲で把握されます。

2.　売却などを行った際の確定申告でマイナンバー届出

　しかしながら、価額30万円以上の貴金属、絵画などの資産の譲渡による所得は課税対象であり、確定申告を行うことが必要になります。その際には、マイナンバーの届出が必要となります。

　また、金地金は、「売却・譲渡」を行った場合、次のような税の手続が発生するのでマイナンバーの届出が必要です。

　①　200万円以上の「金地金」を、「売却」または「交換した」場合、取引業者は「金地金等の譲渡の対価の支払調書」を税務署に提出する必要があり、その際には、マイナンバーを「取引業者」に届け出る必要が

第 1 章　マイナンバー制度本格化がもたらす変革

ある。

　②　「相続時」「贈与時」に、金地金が資産としてカウントされるので、金地金の譲渡について相続あるいは贈与に関わった当事者は税務署に届け出る必要がある。

　このように、金地金であっても「他者への譲渡」により「税の手続が発生した」場合、必ずマイナンバーの届出が必要です。

4 税金関連等手続と マイナンバー

① サラリーマンの年末調整はマイナンバーのみで完了する見込み

1. スマートフォン等経由のオンラインで年末調整が順次可能に

　財務省・国税庁は、2017年11月1日に開催された政府税制調査会において、2019年1月からスマートフォン（スマホ）などのオンラインによる確定申告や年末調整手続などを順次可能にしていく考えを示しました。

　財務省によれば、「経済社会のICT化等を踏まえ、税務手続に係るデータ活用を推進。官民を含めた多様な当事者がデータをデータのまま円滑にやり取りできる環境を整備し、官民あわせたコストの削減、企業の生産性向上を図る」(2017年11月1日第14回税制調査会財務省説明資料)としています。

2. 年末調整手続がオンラインで完結する仕組みを順次整備

　年末調整について、控除関係機関（保険会社・銀行等）⇒被用者⇒雇用者という情報の流れを電子化し、全てをオンラインで完結できる仕組みを整備します。

　ただし、各機関の準備状況などを考慮し、実施可能な控除関係機関や雇用者（源泉徴収義務者）から段階的に実施するとされています。

第 1 章　マイナンバー制度本格化がもたらす変革

図表 1-4-1　確定申告・年末調整手続の電子化

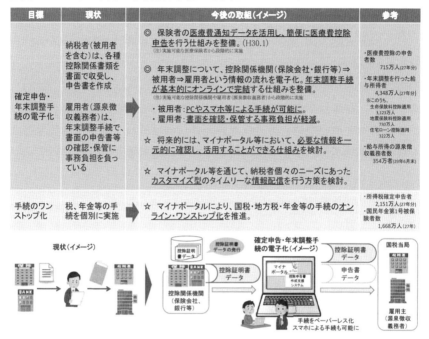

　これにより、従業員は PC やスマホ等による手続が可能になり、企業は書面を確認・保管する事務負担が軽減されます。

3. マイナンバーカードまたは税務署窓口で本人確認の上交付される ID・PW で利用可能に

　年末調整を電子的仕組みで行う詳細についてはいまだはっきりしていませんが、国税庁はマイナンバーを活用した専用のサイトを提供するとされています。

　国税電子申告・納税システム（e-Tax）の認証手続に関しても、マイナンバーカードを使った認証の仕組み以外に、税務署窓口で本人確認を

71

行った上で発行される ID・PW のみでも利用が可能になります。

また、マイナンバーカードのスマホ対応も順次進んでおり、マイナンバーカードをスマホで読み取ることでも e-Tax が利用可能になる予定です。

将来的にはマイナポータルで、必要な情報を一元的に確認し、活用することができる仕組みや納税者個々のニーズにあったカスタマイズ型のタイムリーな情報配信を行う仕組み、さらには国税・地方税・年金等の手続のオンライン・ワンストップ化を行う予定です。

②　個人の確定申告および各種控除手続がマイナンバーのみで完了する可能性

1. 2019 年 1 月からスマホ等のオンラインで確定申告が順次可能に

財務省・国税庁は、2017 年 11 月 1 日に開催された政府税制調査会において 2019 年 1 月からスマートフォン（スマホ）などのオンラインによる確定申告や年末調整手続などを順次可能にしていく考えを示しました。

2. 確定申告手続がオンラインで完結する仕組みを順次整備

まずは 2019 年 1 月より、特にニーズの強い基本的な申告の類型について、スマホ等からの電子申告を実現するとしています。

図表 1-4-2　スマホ申告の実現に向けたイメージ

目標	現状	今後の取組（イメージ）	参考
「スマホ申告」の実現	スマートフォンによる電子申告は未対応	◎ 特にニーズの強い基本的な申告の類型について、<u>スマートフォン等からの電子申告を実現</u>。(H31.1) ⇒ その後も、「スマホ申告」の対象範囲を随時拡大。基本的に<u>スマートフォン等で手続が完結する仕組み</u>を目指す。	・スマートフォンの世帯保有率 71.8%(28年) （総務省「通信利用動向調査」）

72

第 1 章　マイナンバー制度本格化がもたらす変革

　その後も、「スマホ申告」の対象範囲を随時拡大し、基本的にスマホ等で手続が完結する仕組みを目指すことになります。

　年末調整手続については前項①のとおりです。

③　確定申告とマイナンバーの現状

1. 確定申告書にはマイナンバーの記載が必要

　確定申告書にはマイナンバーの記載が必要になりました。これに伴い、確定申告書の提出に際しては、マイナンバーに関わる本人確認手続が必要になります。

図表 1-4-3　確定申告とマイナンバー

（本人確認書類）

◆ マイナンバーカード（個人番号カード）をお持ちの方は

● マイナンバーカードだけで、本人確認（番号確認と身元確認）が可能です。

● ご自宅等から e-Tax で送信すれば、本人確認書類の提示又は写しの提出が不要です。

◆ マイナンバーカードをお持ちでない方は

番号確認書類
《ご本人のマイナンバーを確認できる書類》
● 通知カード
● 住民票の写し又は住民票記載事項証明書
（マイナンバーの記載があるものに限ります。）
　　　　　　　などのうちいずれか1つ

＋

身元確認書類
《記載したマイナンバーの持ち主であることを確認できる書類》
● 運転免許証　● 公的医療保険の被保険者証
● パスポート　● 身体障害者手帳
● 在留カード
　　　　　　　などのうちいずれか1つ

出所：国税庁 HP

図表 1-4-4　確定申告書におけるマイナンバー記載箇所

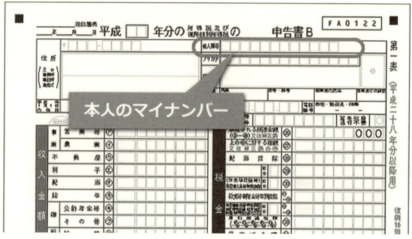

出所：国税庁

図表 1-4-5　e-Tax とマイナンバー

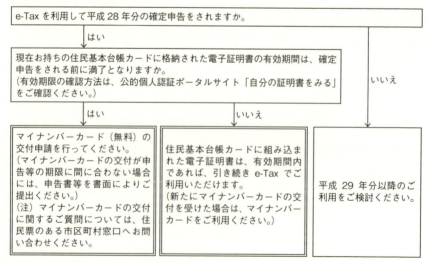

出所：国税庁

第 1 章　マイナンバー制度本格化がもたらす変革

2．e-Tax の認証手続にはマイナンバーカードが必要

　国税電子申告・納税システム（e-Tax）で申告手続等を行う際の認証手続には電子証明書が必要です。住民基本台帳カードまたはマイナンバーカードの電子証明書を利用しますが、2016 年以降、住民基本台帳カードの電子証明書の更新は行われません。住民基本台帳カードの電子証明書の有効期間は 3 年ですので、今後はマイナンバーカードの電子証明書を利用することになります。

　従来、住民基本台帳カードで e-Tax 手続を行っていた人は、マイナンバーカードを取得するほうがよいでしょう。

④　マイナンバーが用いられる税務関連手続の現状

1．税務関係の申告書には番号の記載が必要

　マイナンバーの利用分野として、税分野では「国民が税務当局に提出する確定申告書、届出書、調書等に記載。当局の内部事務等に利用」とされ、源泉徴収票や法定調書などの税務関係の申告書等には、個人番号・法人番号の記載欄が追加されます（第 3 章 3 ②参照）。

　これらの書類には対象者・対象法人の個人番号・法人番号を記載することが必要です。これら書類では番号は法定記載事項になりますので、すべての対象の番号を記載することが必要です。

　個人番号に関しては、対象者から番号の申告を受けるとともに、原則として都度本人確認が必要です。例えば、扶養控除異動申告書のように、毎年従業員に個人番号を記載して提出してもらう場合には原則毎年本人確認が必要です。法人番号に関しても、対象法人から法人番号の通知をしてもらうことが必要となります。

75

図表 1-4-6 税務手続とマイナンバー

税務関係の申告書等に、マイナンバーを記載して提出します。

国税通則法（書類提出者の氏名、住所及び番号の記載等）

第百二十四条 国税に関する法律に基づき税務署長その他の行政機関の長又はその職員に申告書、申請書、届出書、調書その他の書類を提出する者は、当該書類にその氏名（法人については、名称。以下この項において同じ。）、住所又は居所及び番号（番号を有しない者にあっては、その氏名及び住所又は居所）を記載しなければならない。（略）

※地方税関係の申告書等の様式についても、地方税に関する法令に規定。

税務関係の申告書、申請書、届出書、調書その他の書類に番号を記載

> 税務関係の申告書、申請書、届出書、調書その他の書類に番号の記載欄を追加
>
> 法定調書等については、主に支払者及び支払を受ける者の個人番号又は法人番号を記載
>
> ・給与所得の源泉徴収票（給与支払報告書）には、控除対象配偶者及び控除対象扶養親族等の個人番号を記載
>
> ・生命保険金等の支払調書には、その支払の基礎となる契約者の番号又は法人番号を記載

番号を記載して申告書等や調書等を提出するイメージ

従業員や金銭等の支払を受ける者

個人番号 1234…

民間事業者は、個人番号関係事務実施者として全従業員等の支払を受ける者の番号の提供を受ける

民間事業者

申告書

支払調書

支払報告書

申告書に民間事業者の番号を記載して提出

源泉徴収票（支払報告書）・支払調書等に支払を受ける者等の番号及び民間事業者の番号を記載して提出

税務署
地方団体

出所：内閣官房 「事業者向けマイナンバー広報資料」
http://www.cas.go.jp/jp/seisaku/bangoseido/pdf/koho_h2702.pdf

第1章　マイナンバー制度本格化がもたらす変革

2. 提出時には厳格な安全管理対応が必要

　提出方法に関しては従来と同様の提出方法となります。ただし、個人番号記載の申告書等はそのものが特定個人情報になりますので、厳格な安全管理対応が必要です。社内での取扱いに関しては十分に注意してください。

　なお、当局への提出に際しての安全管理対策に関しては税務署等の指示に従ってください。

⑤　相続税・贈与税の申告とマイナンバー

1. 相続税や贈与税の各種届出書等の帳票も対象

　マイナンバーの利用分野として、税分野では「国民が税務当局に提出する確定申告書、届出書、調書等に記載。当局の内部事務等に利用」とされています。

　税分野に関する政省令によれば、相続税や贈与税の各種届出書等の帳票に関してもその対象になりました。

　例えば、相続税の申告書には、従来なかった相続人に関する「個人番号又は法人番号」の記載欄が追加されました。同様に贈与税の申告書には申告者及び贈与者の「個人番号又は法人番号」の記載欄が追加されました。

　これらの申告に対しては、対象者の番号の届出と本人確認が必要になります。

　その際、相続税および贈与税の申告に際しては、申告者の本人確認を行う必要があると考えられます。

77

図表 1-4-7　確定申告書

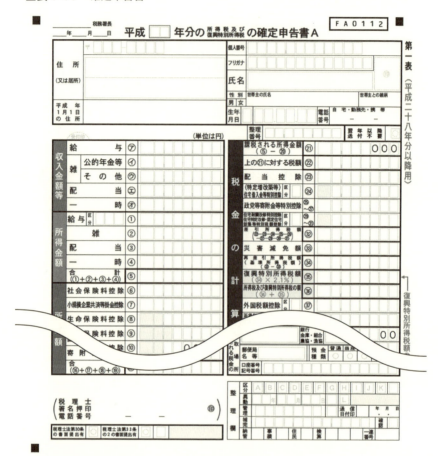

2. 土地建物の譲渡所得等不動産関連の納税時に必要

　不動産関連の納税に関しても同様に影響があります。
　確定申告書には個人番号の記載が必要になります。そのため確定申告が必要な土地建物の譲渡所得があるものに関しては、個人番号を確定申

第 1 章　マイナンバー制度本格化がもたらす変革

図表 1-4-8　不動産の使用料等の支払調書

平 成　　　年 分　　不 動 産 の 使 用 料 等 の 支 払 調 書

支払を受ける者	住所(居所)又は所在地							
	氏名又は名称				個人番号又は法人番号			
区 分	物 件 の 所 在 地	細 目	計 算 の 基 礎			支 払 金 額		
						千	円	

（摘要）

をあっせんした者	住所(居所)又は所在地			支払確定年月日	あっせん手数料	
	氏名又は名称			年 月 日	千	円
	個人番号又は法人番号			・　・		

| 支払者 | 住所(居所)又は所在地 | | | | | |
| | 氏名又は名称 | （電話） | | 個人番号又は法人番号 | | |

| 整 理 欄 | ① | | ② | |

○「個人番号又は法人番号」欄に個人番号（12桁）を記載する場合には、右詰で記載します。

313

出所：国税庁法定調書関係より

告書に記載する必要があります。

　また、「不動産の使用料等の支払調書」および「不動産等の譲受けの対価の支払調書」にも注意が必要です。

　これらの支払調書に関しては、支払者・支払を受ける者の氏名・住所を記載する必要があり、番号制度導入に伴い、その者の個人番号（個人の場合）・法人番号（法人の場合）の記載欄も追加されます。

　特に支払を受ける者が個人の場合（大家のようなケース）、番号申告とともに本人確認が必要です。そして、それらの情報は特定個人情報として厳格な安全管理対応が必要になります。

79

⑥　相続時の各種確認手続にマイナンバーを活用できる可能性

1．相続税・贈与税手続にもマイナンバーの届出が必要に

　　相続税の申告書ならびに贈与税の申告書にはマイナンバーの記載欄が追加されました。相続税の申告書には相続人のマイナンバー、贈与税の申告書には贈与を受けた人のマイナンバーを記載します。あわせて、税務署で本人確認手続を行うことが必要です。これらは、本章3．①で解説したとおりです。

2．戸籍関連手続にマイナンバーは紐付くが相続での利用は当面行わず

　　法務省は法制審議会などで戸籍手続でのマイナンバーの利用に関して検討しており、2019年通常国会をめどに関連法改正を行う予定と言われています。

　　法務省によれば、マイナンバーと戸籍情報との紐付けの範囲に関して「個人を名寄せしマイナンバーと紐付けることで提供を行う戸籍情報については、費用対効果の観点から、市区町村において既に電算化されている戸籍及び除籍（画像データは除く）を対象とすること」（2017年8月戸籍制度に関する研究会最終取りまとめ）としています。

　　このため、相続の場面で利用されることが多いと考えられる電算化以前の紙の戸籍については、マイナンバー法が施行された2015年10月以前に死亡した者についてはそもそもマイナンバーが付番されていないことなども踏まえ、対象外となっています。

　　このため、戸籍関連手続の中で、相続手続は少なくとも当面の間はマイナンバーの利用範囲の対象外となる模様です。

図表 1-4-9　戸籍証明書の利用目的

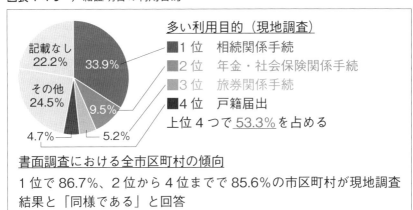

⑦　マイナンバーが用いられる社会保障関連手続の現状

1. 年金、雇用保険、医療保険の分野でマイナンバーが必要

　マイナンバーの利用分野として、社会保障分野では「年金の資格取得・確認、給付を受ける際に利用」、「雇用保険等の資格取得・確認、給付を受ける際に利用。ハローワーク等の事務等に利用」、「医療保険等の保険料徴収等の医療保険者における手続、福祉分野の給付、生活保護の実施等低所得者対策の事務等に利用」とされています。

　これらの分野の社会保障関係の申告書等には、個人番号・法人番号の記載欄が追加され、対象者・対象法人の個人番号・法人番号を記載することが必要です。これらの書類では、番号は法定記載事項になりますので、すべての対象の番号を記載することが必要です。

　なお、個人番号に関しては、対象者から番号の申告を受けるとともに本人確認が必要です。法人番号に関しても、対象法人から法人番号の通

図表 1-4-10　従業員の給与・福利厚生

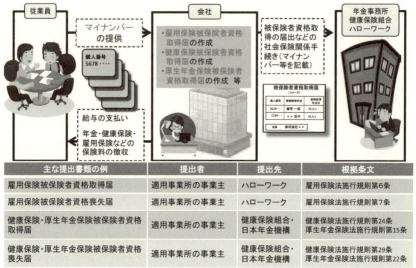

出所：内閣官房　「マイナンバー社会保障・税番号制度　民間事業者の対応
http://www.cas.go.jp/bangouseido/pdf/jigousha_2909_00-26.pdf

知をしてもらうことが必要となります。

2. 提出時には厳格な安全管理対応が必要

　提出方法に関しては従来と同様の提出方法となります。ただし、個人番号記載の申告書等はそのものが特定個人情報になりますので、厳格な安全管理対応が必要です。社内での取扱いに関しては十分に注意してください。

　なお、当局への提出に際しての安全管理対策に関しては年金事務所等の指示に従ってください。

第 1 章　マイナンバー制度本格化がもたらす変革

3.　社会保障関連手続における注意点

　また、特に社会保障関連の手続に関しては、以下の 2 点に注意してください。

① **事務を実施すべき主体と事業会社との関係**

　例えば、健康保険関連の給付申請手続の中には、申請者が被保険者で提出先が健康保険組合と制度上規定されているものがあります。このような給付申請に個人番号を記載した場合、事業者経由で提出することは事業者が目的外取得と見なされる可能性があります。

　厚生労働省発表の「社会保障・税番号制度の導入に向けて（社会保障分野）〜事業主の皆様へ〜」（2016 年 2 月）によれば、これらの手続に関して「被保険者が直接保険者に提出するのではなく事業主を経由して提出している場合もあるが、その場合における個人番号の提供や本人

図表 1-4-11　扶養親族のマイナンバー届出と本人確認

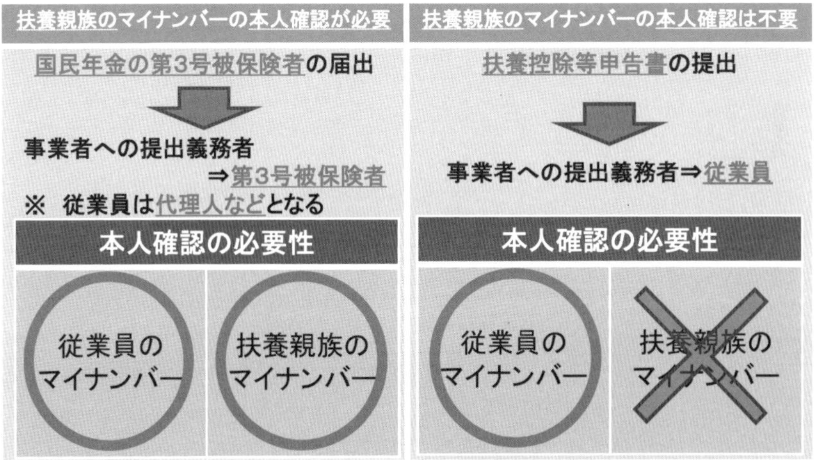

出所：内閣官房　「マイナンバー社会保障・税番号制度　民間事業者の対応
http://www.cas.go.jp/bangouseido/pdf/jigyousha_2909_27-57.pdf

83

確認措置の実施方法については、追ってＱＡ等でお示しする」としています。今後の情報公開をしっかりと確認しましょう。

② **扶養親族と国民年金の第3号被保険者の扱い**

　扶養親族の個人番号に関しては、原則として従業員が事業者に報告します。その際、従業員が扶養親族の本人確認（番号確認、身元確認）を行うことになりますので、事業者が扶養親族に関する本人確認手続を行う必要はありません。従業員が提出した扶養親族の個人番号をそのまま利用することができます。

　ただし、国民年金の第3号被保険者の届出に関しては、事業者への提出義務者は第3号被保険者である必要があります。そのため、第3号被保険者に関してのみは、事業者が第3号被保険者である扶養親族の本人確認（番号確認、身元確認）を行う必要があります。なお、その際に、従業員は第3号被保険者から委任状を受け入れたうえで代理人として提出する等の対応も可能です。

第1章 マイナンバー制度本格化がもたらす変革

図表1-4-12 被保険者資格取得届

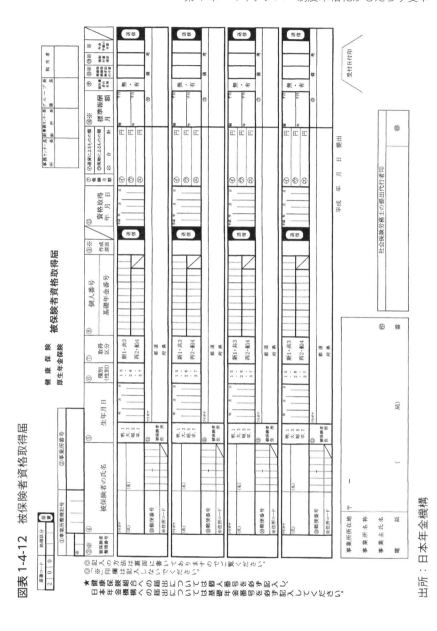

出所：日本年金機構

図表1-4-13 雇用保険被保険者資格取得届

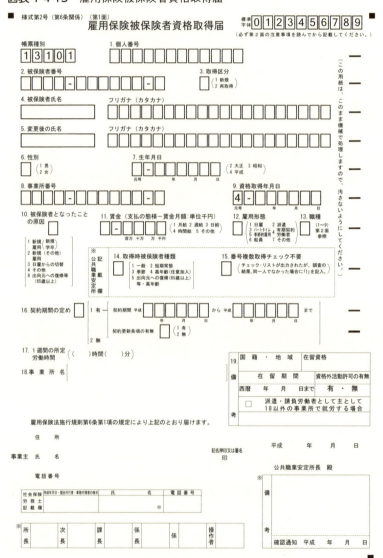

出所：厚生労働省HP「事業者の皆さまへ」社会保障分野への社会保障・税番号制度の導入に向けて　雇用保険関係

第1章　マイナンバー制度本格化がもたらす変革

⑧　戸籍関連手続にマイナンバーを活用できる可能性

1. 戸籍関連手続にマイナンバーが紐付くことに

　社会保障・税・災害対策分野から利用が開始したマイナンバー制度ですが、預貯金への付番と同様に、今後も例えば以下のような分野がマイナンバー制度の対象となる予定です。

　　・戸籍事務
　　・旅券事務
　　・在外邦人の情報管理業務　　　等

　法務省は法制審議会などで戸籍手続でのマイナンバーの利用に関して検討しており、2019年通常国会をめどに関連法改正を行う予定と言わ

図表1-4-14　戸籍関連手続とマイナンバー

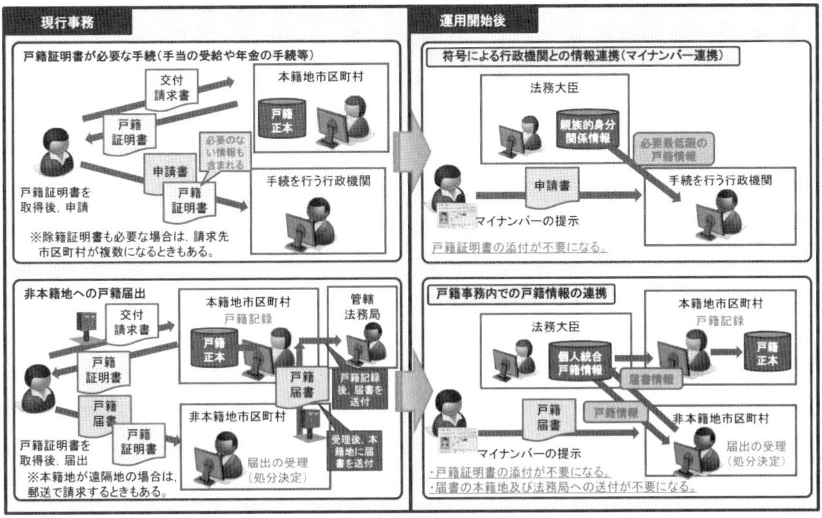

出所：法務省「戸籍システム検討ワーキンググループ　中間取りまとめ」

87

れています。

2. 戸籍事務の効率化が利用の中心

　現在の法務省での検討内容を踏まえると、当初は戸籍事務の効率化が中心になると考えられます。

　例えば、戸籍事務での利用では、従来住所地と本籍地が異なる人が行政機関への申請手続で戸籍証明書が必要な場合には、本籍地から郵送などで取り寄せる必要がありましたが、マイナンバーの戸籍事務での利用により、戸籍証明書の取得が不要になる等、住民負担が軽減されます。

3. 相続手続に大きな変更はない

　ただし、それ以外の例えば相続情報をマイナンバーで紐付けて一元管理するなどの利用は当面行われないことになる予定です。これらに係る戸籍情報は以前紙が主体のものも多く、電子化には相当程度の時間がかかるからと思われます。

　このことから分かるとおり、戸籍事務でのマイナンバー利用が開始した後も、当面の間は相続手続に大きな変更はないと言えます。

第 **2** 章

マイナンバー制度で
知っておくべき基礎事項

1 制度全般

① マイナンバー制度の概要

1．マイナンバー制度

　マイナンバー制度の正式名称は「社会保障・税番号制度」です。この名前からもわかるように、マイナンバー制度では、まずは社会保障・税の分野において利用するために、各個人および企業にそれぞれ固有の番号が割り振られます。そして、行政手続等においてその番号が利用されることになります。

　社会保障・税分野は国民一人ひとりに密接かつ直接に影響のある分野です。そのため、マイナンバー制度がスタートすると、いろいろな場面でその番号が利用されることになります。

2．マイナンバー制度の広がり

　金融機関としては、事業会社としての対応と金融業務に伴うお客さま向けの対応の2種類の業務対応を行うことになります。

　なお、マイナンバー制度という愛称も併せて準備されたことからわかるように、社会保障・税といった分野以外での利活用も検討されています。今後、マイナンバー制度は水道や通信などと同じ「社会インフラ」として利用拡大されていくと目されています。

第２章　マイナンバー制度で知っておくべき基礎事項

図表 2-1-1　マイナンバー制度のビジョン

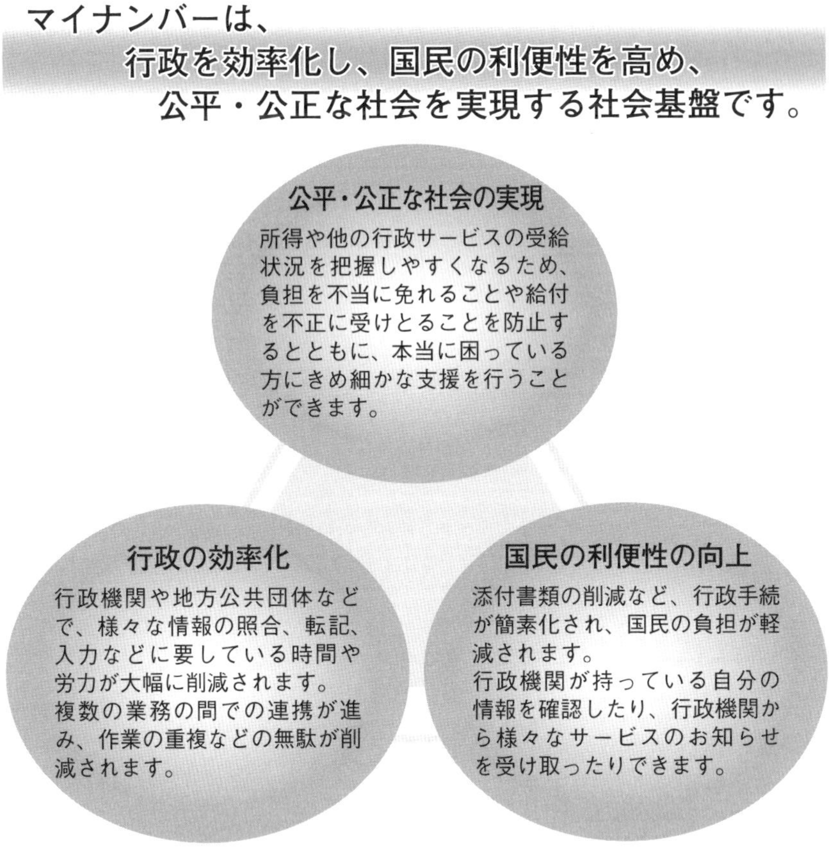

マイナンバーは、
行政を効率化し、国民の利便性を高め、
公平・公正な社会を実現する社会基盤です。

公平・公正な社会の実現
所得や他の行政サービスの受給状況を把握しやすくなるため、負担を不当に免れることや給付を不正に受けとることを防止するとともに、本当に困っている方にきめ細かな支援を行うことができます。

行政の効率化
行政機関や地方公共団体などで、様々な情報の照合、転記、入力などに要している時間や労力が大幅に削減されます。複数の業務の間での連携が進み、作業の重複などの無駄が削減されます。

国民の利便性の向上
添付書類の削減など、行政手続が簡素化され、国民の負担が軽減されます。
行政機関が持っている自分の情報を確認したり、行政機関から様々なサービスのお知らせを受け取ったりできます。

出所：内閣官房「マイナンバー広報資料」
http://www.cas.go.jp/jp/seisaku/bangoseido/pdf/kouhou_zentai_h2702.pdf

②　マイナンバーの付番対象

1.　マイナンバーとは

　マイナンバーとは、社会保障・税番号制度に伴い各人に付番される個人番号のことです。社会保障・税番号制度では、各個人に付番される個人番号と各法人に付番される法人番号があります。

　個人番号は 12 桁の数字です。各人それぞれ別々の数字が指定されます。個人番号は住所地の自治体より通知がされます。個人番号が付番される対象者は以下の人です。

【付番の対象】
住民票コードが住民票に記載されている日本国籍を持つ者、および中長期在留者、特別永住者等の外国人住民

　簡単にいえば、住民登録をしている人は、日本人であろうと外国人であろうと、すべて対象となります。例えば、アルバイトとして留学生を雇った場合、基本的には学生もマイナンバーを持っていますので、手続の際にその番号を取得することになります。

　なお、海外に在住している場合は、たとえ日本人であっても対象にならないこととなります

2.　法人番号

　一方、法人番号は 13 桁の数字です。各法人それぞれ別々の数字が指定されます。法人番号は国税庁から番号通知がされます。

第2章　マイナンバー制度で知っておくべき基礎事項

【付番の対象】
設立登記をした法人のすべて

　これらの番号の中で、個人番号をマイナンバーと呼んでいます。マイナンバー制度としての番号は、個人番号と法人番号の2種類がありますが、マイナンバーと呼ぶ際は個人番号を指すことになります。

図表 2-1-2　個人番号と法人番号のちがい

個人番号	
桁数	12桁
番号の通知元	市町村長
付番の対象	・住民票コードが住民票に記載されている日本の国籍を有する者 ・中長期在留者、特別永住者等の外国人
番号の変更	漏えい等の恐れがあると認められた時は、新しい番号を付番
利用に関する制約	・プライバシー保護の観点から、目的外利用等に関して厳格な制約
通知開始時期	2015年10月

法人番号	
桁数	13桁
番号の通知元	国税庁長官
付番の対象	・国の機関および地方公共団体 ・設立登記をした法人 ・人格のない社団等で一定の要件に該当し国税庁長官に届け出たもの、等
番号の変更	変更できない
利用に関する制約	・原則、自由に利活用できる
通知開始時期	2015年10月

③　マイナンバー利活用の局面

マイナンバー制度の正式名称が「社会保障・税番号制度」であることからわかるように、マイナンバーは社会保障や税の分野で使われます。

主な利用範囲は以下のとおりです。

【社会保障分野】

・年金の資格取得・確認、給付を受ける際に利用

・雇用保険等の資格取得・確認、給付を受ける際に利用。ハローワーク等の事務等に利用

・医療保険等の保険料の徴収等、福祉分野の給付、生活保護の実施等低所得者対策の事務等に利用

【税分野】

・国民が税務当局に提出する確定申告書、届出書、調書等、すべてに個人番号の記載が必要

これらの業務に関わる各種申請・届出書に個人番号ないし法人番号の記載欄が追加されます。今後は、これらの個人番号や法人番号は従来の会社名や個人の氏名といった法定記載事項と同じ位置づけになります。企業としては個人番号や法人番号を確実に記載していくことが求められます。上記に掲げたもの以外の行政分野や民間サービスへの利用は想定されていません。つまり、法律で定められた範囲内でしか、番号を利用することはできないことになっています。

なお、2015年9月に番号法が改正されて、以下の分野も対象に追加されました（**図表 2-1-4** 参照）。

・預貯金口座へのマイナンバーの付番

・医療等分野における利用範囲の拡充等

第２章　マイナンバー制度で知っておくべき基礎事項

・地方公共団体の要望を踏まえた利用範囲の拡充等

図表 2-1-3　個人番号の利用範囲

社会保障分野	年金分野	⇒**年金の資格取得・確認、給付を受ける際に利用。** 別表第一　（第９条関係） ○国民年金法、厚生年金保険法による年金である給付の支給に関する事務 ○国家公務員共済組合法、地方公務員等共済組合法、私立学校教職員共済法による年金である給付の支給に関する事務 ○確定給付企業年金法、確定拠出年金法による給付の支給に関する事務 ○独立行政法人農業者年金基金法による農業者年金事業の給付の支給に関する事務　　　　　　　　　　　　　　　　　　　　　　　　　等
	労働分野	⇒**雇用保険等の資格取得・確認、給付を受ける際に利用。ハローワーク等の事務等に利用。** ○雇用保険法による失業等給付の支給、雇用安定事業、能力開発事業の実施に関する事務 ○労働者災害補償保険法による保険給付の支給、社会復帰促進等事業の実施に関する事務　　　　　　　　　　　　　　　　　　　　　　　等
	福祉・医療・その他分野	⇒**医療保険等の保険料徴収等の医療保険者における手続、福祉分野の給付、生活保護の実施等低所得者対策の事務等に利用。** ○児童扶養手当法による児童扶養手当の支給に関する事務 ○母子及び寡婦福祉法による資金の貸付け、母子家庭自立支援給付金の支給に関する事務 ○障害者総合支援法による自立支援給付の支給に関する事務 ○特別児童扶養手当法による特別児童扶養手当等の支給に関する事務 ○生活保護法による保護の決定、実施に関する事務 ○介護保険法による保険給付の支給、保険料の徴収に関する事務 ○健康保険法、船員保険法、国民健康保険法、高齢者の医療の確保に関する法律による保険給付の支給、保険料の徴収に関する事務 ○独立行政法人日本学生支援機構法による学資の貸与に関する事務 ○公営住宅法による公営住宅、改良住宅の管理に関する事務　　　　等
税分野		⇒**国民が税務当局に提出する確定申告書、届出書、調書等に記載。当局の内部事務等に利用。**
災害対策分野		⇒**被災者生活再建支援金の支給に関する事務等に利用。** ⇒**被災者台帳の作成に関する事務に利用。**
上記の他、社会保障、地方税、防災に関する事務その他これらに類する事務であって**地方公共団体が条例で定める事務**に利用。		

出所：内閣官房　「番号制度の概要」
http://www.cas.go.jp/jp/seisaku/bangoseido/pdf/h2702_gaiyou_siryou.pdf

図表 2-1-4　マイナンバーの利用範囲の拡大等

『世界最先端IT国家創造宣言』(平成26年6月24日閣議決定)等を踏まえ、さらなる効率化・利便性の向上が見込まれる分野についてマイナンバーの利用範囲の拡大や制度基盤の活用を図るとともに、マイナンバー制度の主たる担い手である地方公共団体の要望等を踏まえ、所要の整備を行う。

1. 預貯金口座へのマイナンバーの付番

① 預金保険機構等によるペイオフのための預貯金額の合算において、マイナンバーの利用を可能とする。
② 金融機関に対する社会保障制度における資力調査や税務調査でマイナンバーが付された預金情報を効率的に利用できるようにする。

2. 医療等分野における利用範囲の拡充等

① 健康保険組合等が行う被保険者の特定健康診査情報の管理等に、マイナンバーの利用を可能とする。
② 予防接種履歴について、地方公共団体での情報提供ネットワークシステムを利用した情報連携を可能とする。

3. 地方公共団体の要望を踏まえた利用範囲の拡充等

① すでにマイナンバー利用事務とされている公営住宅(低所得者向け)の管理に加えて、特定優良賃貸住宅(中所得者向け)の管理において、マイナンバーの利用を可能とする。
② 地方公共団体が条例により独自にマイナンバーを利用する場合においても、情報提供ネットワークシステムを利用した情報連携を可能とする。
③ 地方公共団体の要望等を踏まえ、雇用、障害者福祉等の分野において利用事務、情報連携の追加を行う。

【参考】
『世界最先端IT国家創造宣言』(平成25年6月14日閣議決定) 抄
Ⅲ. 目指すべき社会・姿を実現するための取組
3. 公共サービスがワンストップで誰でもどこでもいつでも受けられる社会の実現
(1)利便性の高い電子行政サービスの提供
　マイナンバーによる情報連携等により、更なる効率化・利便性の向上が見込まれる分野については、制度の趣旨や個人情報の保護等に配慮しつつ、マイナンバーの利用範囲の拡大や制度基盤の活用について検討を進める。

④　マイナンバー制度のスケジュール

1. 2015年10月から通知、2016年1月から利用開始

　2015年10月に番号通知が始まりました。個人には個人番号が、法人には法人番号がそれぞれ付番されることになります。

　そして、2016年1月から社会保障・税・災害対策の各分野で番号の利用が始まりました。例えば、税分野では2016年1月以降税務署に提出する法定調書などの各種調書に、対象となる個人・法人に関してそれぞれ個人番号・法人番号を記載することになりました。2017年1月からは健康保険・厚生年金分野の利用が開始しました。

　金融機関でも、一般事業者として従業員等の社会保険・税関連の業務

において番号利用を行い、お客さま業務においては、投資信託口座や国外送金など対象となる金融取引・契約において番号利用を行います。このお客さま業務における番号利用に関するスケジュールの詳細は第3章を参照してください。

2018年1月からは預貯金口座へのマイナンバー紐付けも開始となりました。

2. 事業者・金融機関は様々な方法で個人番号を収集

収集・提供は、直接の提示、証明する書類の写しを書面送付、証明する書類のイメージ・PDFをネット・メールで送付する等で行います。

⑤ 金融機関や一般企業への影響

1. 事業者もマイナンバーを取り扱うことになる

個人番号や法人番号は、社会保障・税・災害対策分野で利用されます。民間企業等がマーケティング等の目的でマイナンバーを利用することは、制度開始時点ではできません。

ただし、金融機関や一般企業のような民間事業者も、これらの社会保障・税業務を、例えば源泉徴収対象者の税報告を行う等、行っています。

このため、金融機関や一般企業でも、社会保障や税の手続でマイナンバーを取り扱うことになります。

2. 事業者がマイナンバーを取り扱う場面

具体的には、以下の業務に関わる手続や書類等に個人番号・法人番号を利用します。

97

図表 2-1-5　民間事業者のマイナンバー実務

出所：内閣官房「マイナンバー社会保障・税番号制度　民間事業者の対応」
http://www.cas.go.jp/bangouseido/pdf/jigyousha_2909_00-26.pdf

---

【社会保障】
・年金の資格取得・確認、給付。
・雇用保険等の資格取得・確認、給付。
・医療保険等の保険料の徴収等。
【税】
・国民が税務当局に提出する確定申告書、届出書、調書等の作成。

　これらの手続書類では、個人番号・法人番号が法定記載事項となります。金融機関や一般企業は対象となる各種書類に対象者・対象法人の番号を抜けや漏れのないよう記載することが求められます。そのため、金融機関や一般企業は、下記のことが必要となります。
　①　手続書類に記載が必要となるすべての対象者・対象法人の個人番

第2章　マイナンバー制度で知っておくべき基礎事項

号・法人番号を取得

② 取得した個人番号・法人番号を安全に保管・管理

③ 書類等に個人番号・法人番号を記載し、交付・提出などを行う

⑥ マイナンバーの取扱いに関する注意事項

1. 安全管理に関して細心の注意が必要

　番号法は特定個人情報（個人番号を含む個人情報。個人番号そのものも含みます）について厳格な安全管理を求めています。つまり、マイナンバーの取扱いに関しては、安全管理に関して細心の注意を払うことが事業者に求められるのです。

　2014年12月に個人情報保護委員会（マイナンバーの安全管理に関して専門に監督監視を行う組織）が「特定個人情報の適正な取扱いに関するガイドライン（事業者編）」（以下「特定個人情報ガイドライン」と呼びます）を公表しました。金融機関を含む事業者はこの特定個人情報ガイドラインの規定に従った各種の対応が必要です。

2. 特定個人情報ガイドラインの規定

　特定個人情報ガイドラインには、以下のようにその取扱いが明記されています。

① 事業者の位置づけ

② 番号法で定められた業務における取得・利用・提供・保管・廃棄に関して

③ 目的外での取得・利用・保管の禁止に関して

④ その他の業務での取扱い（業務委託の扱い等）

⑤ 安全管理措置

99

一般企業も金融機関も特定個人情報ガイドラインに沿った業務対応が求められます。

3. 金融業務におけるマイナンバーの取扱い対応も必要

　なお、銀行等の金融機関に関しては、上記の「特定個人情報の適正な取扱いに関するガイドライン（事業者編）」と共に「（別冊）金融業務における特定個人情報の適正な取扱いに関するガイドライン」に関しても配慮が必要です。これは、金融機関は一般事業者として以外に、金融業務においても顧客に関するマイナンバーの取扱いが必要となるためです。

　金融機関は、従業員の給与厚生業務等一般事業者としては、「特定個人情報の適正な取扱いに関するガイドライン（事業者編）」を、顧客管理に関する金融業務としては「（別冊）金融業務における特定個人情報の適正な取扱いに関するガイドライン」を、それぞれ参照しながら安全

図表2-1-6　マイナンバー取扱いで求められる安全管理対策

出所：内閣官房「マイナンバー社会保障・税番号制度　民間事業者の対応」

第 2 章　マイナンバー制度で知っておくべき基礎事項

管理対策をとることが求められます。

⑦　マイナンバーを漏えいした場合の罰則

1.　番号法における罰則

　番号法においては、情報管理に関して刑事罰を含む厳しい罰則を科すことで厳格な管理を要求しています。

　例えば、下記のように、マイナンバーの故意の漏えいに関しては非常に厳しい罰則を科しています。

- ①　個人番号利用事務等に従事する者が、正当な理由なく、特定個人情報ファイルを提供した場合は、4 年以下の懲役もしくは 200 万円以下の罰金（番号法 67 条）
- ②　個人番号利用事務等に従事する者が、不正な利益を図る目的で、個人番号を提供又は盗用した場合は、3 年以下の懲役もしくは 150 万円以下の罰金（番号法 68 条）

2.　法人に対しては罰金

　また、番号法 77 条によって、上記違反に関しては、行為者を罰するほか、その法人又は人に対しても、各本条の罰金刑を科する、とされています。つまり、仮に金融機関の職員が上記の違反行為を行った場合には、従業員の所属する金融機関自体も同じ罰金刑の対象になります。つまり、単に漏えいの当事者だけではなく金融機関自体も罰則の対象になるのです。

　金融機関は、事業会社としてならびに金融業務としての両方でマイナンバーを取り扱うことになります。十分な安全対策を講じるとともに、職員一人ひとりが留意する必要があります。

101

図表 2-1-7 マイナンバー漏えいと罰則

罰則の強化

行為	法定刑	同種法律における類似規定の罰則			
		行政機関個人情報保護法・独立行政法人等個人情報保護法	個人情報保護法	住民基本台帳法	その他（割賦販売法・クレジット番号）
1　個人番号利用事務等に従事する者が、正当な理由なく、特定個人情報ファイルを提供	4年以下の懲役 or 200万円以下の罰金 or 併科	2年以下の懲役 or 100万円以下の罰金	ー	ー	
2　上記の者が、不正な利益を図る目的で、個人番号を提供又は盗用	3年以下の懲役 or 150万円以下の罰金 or 併科	1年以下の懲役 or 50万円以下の罰金	ー	2年以下の懲役 or 100万円以下の罰金	
3　情報提供ネットワークシステムの事務に従事する者が、情報提供ネットワークシステムに関する秘密の漏えい又は盗用	同上		ー	同上	
4　人を欺き、人に暴行を加え、人を脅迫し、又は、財物の窃取、施設への侵入等により個人番号を取得	3年以下の懲役 or 150万円以下の罰金	ー	ー	ー	3年以下の懲役 or 50万円以下の罰金
5　国の機関の職員等が、職権を濫用して特定個人情報が記録された文書等を収集	2年以下の懲役 or 100万円以下の罰金	1年以下の懲役 or 50万円以下の罰金	ー	ー	
6　委員会の委員等が、職務上知り得た秘密を漏えい又は盗用	同上	ー	ー	1年以下の懲役 or 30万円以下の罰金	
7　委員会から命令を受けた者が、委員会の命令に違反	2年以下の懲役 or 50万円以下の罰金		6月以下の懲役 or 30万円以下の罰金	1年以下の懲役 or 50万円以下の罰金	
8　委員会による検査等に際し、虚偽の報告・虚偽の資料提出をする、検査拒否等	1年以下の懲役 or 50万円以下の罰金		30万円以下の罰金	30万円以下の罰金	
9　偽りその他不正の手段により個人番号カードを取得	6月以下の懲役 or 50万円以下の罰金			30万円以下の罰金	

出所：内閣官房「番号制度の概要」
http://www.cas.go.jp/jp/seisaku/bangoseido/pdf/h2702_gaiyou_siryou.pdf

第 2 章　マイナンバー制度で知っておくべき基礎事項

⑧　「通知カード」「個人番号カード」とは何か

1．番号通知開始から通知カード送付

2015 年 10 月に番号通知が始まりました。

住所地の市区町村から、住民票に記載されたそれぞれの人の住所に通知カードという紙のカードが送付されました。

通知カードには、それぞれの人の個人番号と基本 4 情報（氏名、住所、生年月日、性別）が記載されています。対象者は、住民票コードが住民票に記載されている日本の国籍を有する者、中長期在留者、特別永住者等の外国人となります。

2．番号利用開始から個人番号カード交付

一方、2016 年 1 月以降、個人番号カードの交付も開始されました。希望者は市区町村窓口で申請を行うことで個人番号カードの交付を受けることができます。個人番号カードは IC チップの付いたカードであり、顔写真も掲載されることから身分証明書としても利用可能です。

個人番号カードの表面には顔写真と基本 4 情報、裏面には個人番号が記載されます。

個人番号カードの初回取得は当面無料で行えます（紛失等による再発行は有料）。

個人番号カードの交付開始に伴い、従来ある住民基本台帳カードの新規発行は行われなくなります。個人番号カードが住民基本台帳カードに置き換わることになります。なお、既発行の住民基本台帳カードは、有効期限が過ぎると更新されません。

103

図表 2-1-8　通知カードと個人番号カードの違い

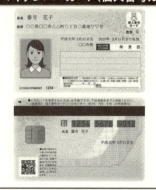

出所：内閣官房「マイナンバー社会保障・税番号制度　概要資料」

3．個人番号カードは任意

　通知カードと個人番号カードの最も大きな違いは、通知カードは住民登録されていれば市区町村より郵送ですべての人に送付されてきますが、個人番号カードは市区町村の窓口で手続を行った希望者のみが交付される点です。このため、少なくとも制度開始から当面の間はすべての人が個人番号カードを保有することはないと考えられます。
　なお、個人番号カードを交付される際には通知カードを返納することになるので、個人番号カードと通知カード両方を持つことはありません。

第2章　マイナンバー制度で知っておくべき基礎事項

内閣官房FAQ

（2）個人番号に関する質問

Q2-4　マイナンバーは希望すれば自由に変更することができますか？

A2-4　マイナンバーは原則として生涯同じ番号を使い続けていただき、自由に変更することはできません。ただし、マイナンバーが漏えいして不正に用いられるおそれがあると認められる場合に限り、本人の申請又は市町村長の職権により変更することができます。（2014年6月回答）

（3）カードに関する質問

Q3-18　通知カードや個人番号カードの記載内容に変更があったときは、どうすればよいですか？

A3-18　引越など、券面に記載されている情報が変更になった場合、お住まいの市区町村にて通知カードまたはマイナンバーカードの記載内容を変更してもらわなければなりません。（2015年12月回答）

※通知カードまたはマイナンバーカードの記載内容に変更があったときは、14日以内にその旨をお住まいの市区町村に届け出る必要があります。（マイナンバー法第7条、第17条）

⑨　「マイナンバーカード」と「通知カード」の違い

1．通知カードは全住民に送付される

　通知カードとマイナンバーカードは何が違うのか、分かりづらい面はあります。どのような違いがあるのでしょうか。

　通知カードはマイナンバーが記載され全住民に送付されるカードです。マイナンバーは12桁の数字が並んでいる番号のことで日本に居住する全ての住民が保有するもので、「個人番号」とも呼びます。このマイナンバー（個人番号）はそれぞれの住民にそれぞれ違う番号が国によ

105

り自動的に指定されます。

通知カードにはこのマイナンバーが記載されており、最寄りの自治体から自動的に送付されます。

送付依頼などの申請手続は特に不要です。

通知カードは身分証ではありません。あくまでも本人の番号を確認するためだけに利用できます。

2. マイナンバーカードは申請すると交付されるカード

一方、マイナンバーカードは「申請して初めて入手できるカード」です。マイナンバーの通知後、個人の申請により交付される顔写真入りのプラスチック製カードであり、内部に IC チップが内蔵されている IC カードでもあります。

マイナンバーカードは、各個人のマイナンバー（個人番号）が裏面に記載されていると同時に、表面は写真入りの身分証明書として、官民問わず広く利用可能です。マイナンバーカードを使えば、マイナンバーの届出の際に必要なマイナンバーの確認と本人確認を 1 枚で行うことができます。マイナンバーカードを作成するには、居住する自治体への申請手続が必要です。

3. 通知カードは必ず送付、マイナンバーカードは希望者のみ

通知カードは全ての住民（住民票の届出を行っている人）は、必ず受け取ることになります。

一方、マイナンバーカードは本人が居住する自治体に申請手続をして初めて交付してもらうことが可能です。このため、交付を希望する方以外は発行されません。

「通知カードは全ての住民が持っているが、マイナンバーカードは希望者のみ」と、このような違いがあります。

106

第2章　マイナンバー制度で知っておくべき基礎事項

2 制度活用の方向性

① 将来、どのような分野でマイナンバーは使われるのか？

1. 幅広い分野での利用を想定

　マイナンバーは、将来幅広い分野での利用が想定されています。

　内閣に設置された IT 総合戦略本部新戦略推進専門調査会マイナンバー等分科会が 2014 年 5 月に作成した中間とりまとめによれば、

　①　戸籍等に係る事務

　②　旅券や邦人保護等に係る事務

　③　金融機関による顧客の名寄せ、本人確認および口座名義人の特定・現況確認に係る事務

　④　医療・介護・健康情報の管理および医療情報の蓄積・分析等に係る事務

　⑤　自動車の登録に係る事務

の 5 つの分野において、マイナンバーの利用範囲の拡大を図ることが検討されることになりました。

　これらの中でも金融機関の職員に直接影響ある分野が、「③金融機関による顧客の名寄せ、本人確認および口座名義人の特定・現況確認に係る事務」です。

107

図表 2-2-1 マイナンバーの預金付番

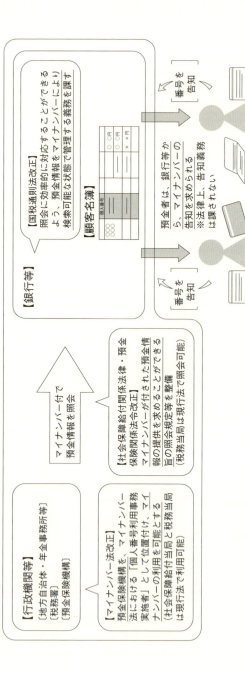

出所：内閣府大臣官房番号制度担当室提出資料「『個人情報の保護に関する法律および行政手続における特定の個人を識別するための番号の利用等に関する法律の一部を改正する法律案（概要）』

第2章　マイナンバー制度で知っておくべき基礎事項

2. 2018年より預貯金に関してもマイナンバー付番

　2015年9月に成立した改正番号法によれば、個人の預貯金に関してもマイナンバーが付番されることになりました。当面の間は、預金者に対して告知義務は課されないことになりますが、付番開始後3年を目処に付番状況等を踏まえて付番促進施策を講じる旨の規定が付される予定です。このことから見て、将来的にはすべての預貯金口座に付番をすることになると予想されます。

②　マイナンバーカードの利用メリット

1. マイナンバーの手続ではマイナンバーカードが必須ではない

　マイナンバーを必要とする各種手続においては、マイナンバーカードがなくても手続を進めることが可能ですが、以下の点に注意が必要です。

　つまり、マイナンバーを勤務先や金融機関、行政窓口等に届け出る手続がこれから増えてきますが、そうした届出手続には、「本人確認手続」という手続が必要ということです。

　この本人確認手続は、マイナンバーカードを持っていれば、そのマイナンバーカード1枚で番号の届出と本人確認の両方を行うことが可能です。

　マイナンバーカードがない場合でも、「本人のマイナンバーが記載されている通知カードや住民票の写しなど」と、「免許証等の顔写真付き身分証明書」の2つの書類があれば手続を行うことができます。

　この様に、マイナンバー関連の手続は、マイナンバーカードがなくても行うことができます。この点はまず認識しておきましょう。

109

図表 2-2-2　マイナンバーカードを利用した認可保育所の入所申請

出所：内閣府
http://www.cao.go.jp/bangouseido/ad/card_start_contents.html#oss

2. 子育てワンストップサービス等が利用できるマイナポータルはマイナンバーカードが原則必要

　一方、マイナンバー制度の一環で政府が提供するネット上のサービスであるマイナポータルを利用するには、マイナンバーカードが必要です。
　今後、認可保育所のオンライン申請を行える子育てワンストップサービス等の便利なサービスがマイナポータル上で色々提供されます。
　これらのサービスを利用するには、あらかじめマイナンバーカードを交付してもらうことが必要です。

第2章　マイナンバー制度で知っておくべき基礎事項

図表 2-2-3　利用範囲が広がるマイナンバーカード

出所：内閣官房「（2017 年 12 月発行）マイナンバー　社会保障・税番号制度　概要資料」
http://www.cao.go.jp/bangouseido/pdf/seidogaiyou_2912.pdf

3. 利用範囲が広がるマイナンバーカードの申込みを推奨

　マイナンバーカードでは、今後色々と便利な利用ができるようになります（**図表 2-2-3** 参照）。

　マイナンバーの手続そのものに利用するためには、マイナンバーカードである必要はありませんが、便利なサービスが利用できるメリットがあることから、マイナンバーカードを申請し、交付してもらうことをお勧めします。

③　マイナポータルでできること

1.　マイナポータルは政府が提供する WEB サービス

　マイナポータルとは、政府が提供するインターネット上の WEB サービスです。

　その機能としては、

① 　役所等の行政機関での自分の情報の利用状況や情報自体の確認等を行える

② 　行政機関等からのお知らせ（予防接種の通知など）の確認を行う

③ 　その他各種の官民サービスを利用できる

等があります（**図表 2-2-5、2-2-6** 参照）。

　マイナポータルは、マイナンバーカードを利用してログインを行います。

2.　子育てワンストップサービス等、便利なサービスを順次提供

　マイナポータルでは、暮らしに便利な様々なサービスが順次提供を予定されています。

　代表的なサービスとして子育てワンストップサービスがあります。

　小さいお子さんをお持ちの家庭では、保育園の入園申請や児童手当申請等様々な手続を行う場合があり、手続のために何回も役所に出向く必要があるなど、非常に手間がかかります。

　子育てワンストップサービスでは、それらの手続を自宅のパソコンやスマートフォンなどから簡単に行えるようになります。

　このような暮らしに便利なサービスは今後も順次マイナポータルを使って提供することが予定されています。

第2章 マイナンバー制度で知っておくべき基礎事項

図表 2-2-4　予定されている主なマイナポータルの機能

稼動スケジュール	主なサービス	概要
平成29年1月16日 一部機能を先行稼動	利用者フォルダ	・マイナポータルを利用する際に使用するフォルダ開設機能
	e-Taxとの認証連携 （もっとつながる）	・認証連携を通じてe-Taxとのシームレスな操作を実現する機能
平成29年7月18日 試行運用 （情報連携試行運用 開始時期と同時）	情報提供等記録表示 （やりとり履歴）	・情報保有機関にて照会・提供された国民等利用者の情報提供等記録を確認する機能
	自己情報表示 （あなたの情報）	・情報保有機関の保持する特定個人情報を表示する機能
平成29年11月13日 本格運用 （情報連携本格運用 開始時期と同時）	お知らせ情報表示	・情報保有機関が国民等利用者向けに個人番号利用事務に関する情報を配信する機能
	子育てワンストップ サービス	・ワンストップサービスによって、①自分にぴったりなサービスを検索して、②自治体にオンラインで申請する機能
	公金決済サービス	・マイナポータルのお知らせ通知機能を活用し、ネットバンキング（ペイジー）やクレジットカードでの公金決済ができる機能

出所：内閣官房「（2017年12月発行）マイナンバー　社会保障・税番号制度　概要資料」
http://www.cao.go.jp/bangouseido/pdf/seidogaiyou_2912.pdf

図表 2-2-5　マイナポータルの活用イメージ

出所：内閣府「マイナポータルとは」
http://www.cao.go.jp/bangouseido/myna/index.html

図表 2-2-6　マイナポータル活用による年末調整・確定申告のイメージ

出所：政府税制調査会　財務省説明資料　平成29年11月1日

3. 今後は、年末調整等でも利用

　また今後は会社員の年末調整でもマイナポータルを使ってインターネット上で手続を行えるようになります。

　会社員の年末調整は、企業が従業員に代わって年末調整を行っています。しかしながら、借入残高に応じて所得税を減らす住宅ローン減税と、生命保険料の支払額を所得控除できる生命保険料控除を受けるためには、会社員自らによる手続が必要です。

　従来、金融機関や生命保険会社から証明書を郵送形式など紙で受け取り、規定の書類に書き込んで勤め先の企業に提出することが必要でした。

　政府の税制調査会の資料によれば、マイナポータルなどを介して、紙での手続を行うことなく年末調整を行えるようになります。

　同様に確定申告に関しても、マイナポータルを活用したスマートフォン等からの電子申告を実現するとともに、将来的にはマイナポータルでの国税・地方税・年金等の手続のオンライン・ワンストップ化を推進する予定です。

第3章

マイナンバー制度の
金融業務への影響

1 マイナンバー提供が必要な 金融業務

① マイナンバー制度が金融機関に与える影響

1. 一般事業者としての影響

　金融機関は、一般事業者と金融業務の両方の分野でマイナンバー制度の影響を受けます。

　一般事業者としては、従業員の給与厚生業務等に関わる社会保険や源泉徴収税務関連手続、講演や弁護士・税理士等への報酬等の支払いや不動産賃料の支払い等に伴う支払調書作成業務でマイナンバーを利用します。

2. 金融業務上の影響

　一方、金融業務としては、投資信託窓販関連の支払調書作成、特定口座取引報告書作成、国外送金関係の告知書・支払調書、財形貯蓄関係の申告書等にマイナンバーの記載が必要になります。また、2018 年 1 月以降は預貯金口座付番への対応が必要です。

　金融機関は、通常の企業よりもマイナンバー制度の対象となる業務範囲が広くなります。特に金融業務に関しては、対象となるお客さまそれぞれのマイナンバーを取得・管理することが必要になります。よりしっかりとした対応が求められることに注意が必要です。

　また、場合によっては、マイナンバー対象業務以外の手続でお客さまがマイナンバー記載の書類（源泉徴収票、確定申告書、住民票の写し等）

第 3 章　マイナンバー制度の金融業務への影響

図表 3-1-1　金融機関は 2 つの面でのマイナンバー対応が必要

| 一般事業会社として | ・職員の給与厚生業務
・不動産等個人への支払い等 |

| 金融機関として | ・投資信託等の税手続
・国外送金関係の告知・支払調書など
・預貯金付番への対応 |

マイナンバー対象業務以外の手続で
マイナンバーに接する場面

を誤って持参することが考えられます。そのまま受領することは法令違反となるおそれがありますので注意が必要です。これについては、「特定個人情報の適正な取扱いに関するガイドライン（事業者編）」及び「（別冊）金融業務における特定個人情報の適正な取扱いに関するガイドライン」に関する Q&A（以下「特定個人情報 FAQ」）（平成 29 年 5 月更新　個人情報保護委員会）には次のような記述があります。

【事業者編】
5：個人番号の提供の求めの制限、特定個人情報の提供制限
Q5-3　住宅の取得に関する借入れ（住宅ローン）等で個人番号が記載された給与所得の源泉徴収票を使用することはできますか。
A5-3　本人交付用の給与所得の源泉徴収票については、平成 27 年 10 月 2 日に所得税法施行規則第 93 条が改正され、その本人及び扶養親族の個人番号が記載されていない源泉徴収票の交付を受けることとなります。
　なお、個人情報保護法第 28 条の開示の請求に基づく個人番号が記載された源泉徴収票を住宅の取得に関する借入れ（住宅ローン）等で活用する場合には、個人番号部分を復元できない程度にマスキングする等の工夫が必要となります。

117

②　金融機関業務の中でマイナンバー対応が必要な業務

1．税関連の業務におけるマイナンバー対応

　金融機関の業務では税関連の各種業務でマイナンバー対応が必要となります。

　主な業務としては以下となります。

・投資信託口座
・公共債口座（2016 年 1 月金融所得一体課税の対象拡大により支払調書作成義務が課せられる）
・法人の定期性預貯金口座（調書対象となる口座のみ）
・国外送金等に係る告知書提出
・国外送金等に関わる調書作成（100 万円以上の国外送金のみ）
・財産形成非課税住宅・年金貯蓄（ただし、2016 年以降の新規手続のみ対象）
・預貯金付番への対応
等

2．代理業務上の対応

　これ以外にも、保険や信託商品もマイナンバー対応が必要です。ただし、これらの業務に関しては、銀行等は保険会社や信託銀行の代理店ですので、それらの金融機関とマイナンバー業務の役割分担を明確化する必要があります。

第3章　マイナンバー制度の金融業務への影響

3. 激甚災害時の対応

なお、マイナンバー制度では「激甚災害の発生時にあらかじめ締結した契約に基づく金銭の支払いを行うために必要な限度で個人番号を利用することができる」とされています。この場合、金融機関があらかじめ契約者の個人番号を個人番号関係事務実施者として把握していることが前提となります。

投資信託口座等に関しては、被害者等の個人番号がわかった際に、個人番号によって契約を検索し、金銭の支払いを行うことができると考えられます。一方、個人の預貯金に関しては、当分の間契約者の個人番号を把握していませんので対象とはなりません。

なお、個人の預貯金に関しては、2018年1月以降マイナンバーの利用が開始されます。以降は個人の預貯金でも関連する業務でマイナンバー対応が可能となります（第2章2. ①参照）。

4. その他間接的に接する場面とその場合の対応

本章1. ①で説明したように、税関連以外の以下の業務においても間接的にマイナンバーに接する可能性があります。

・融資業務

・相続関係　等

これらの業務は金融機関としてマイナンバーを取り扱う業務ではありませんので、不用意にマイナンバー記載の書類を受け取らないよう注意が必要です。

119

③ マイナンバーが記載される書類

1. 一般事業者として社会保障・税関連の書類に記載

　すでに説明したように、社会保障・税関連の各種書類にマイナンバーが記載されます。

　一般事業者としては、例えば以下のような書類にマイナンバーを記載することになります。

【社会保障関連】
・健康保険・厚生年金保険被保険者資格取得届・喪失届
・雇用保険被保険者資格取得届・喪失届
・健康保険・厚生年金保険育児休業等取得者申出書
・療養費の支給の申請、出産育児一時金の支給の申請、等

【税関連】
・給与所得の源泉徴収票（税務署提出用のみ）
・退職所得の源泉徴収票（税務署提出用のみ）
・報酬、料金、契約金および賞金の支払調書
・配当、剰余金の分配および基金利息の支払調書
・不動産の使用料等の支払調書
・給与所得者の扶養控除等（異動）申告書
・給与所得者の保険料控除申告書兼給与所得者の配偶者特別控除申告書
等

---

2. 金融業務関連の書類に記載

　金融業務としては、例えば以下のような書類にマイナンバーを記載することになります。

第3章　マイナンバー制度の金融業務への影響

> ・特定口座年間取引報告書
> ・投資信託または特定受益証券発行信託収益の分配の支払調書
> ・国外送金等に係る告知書
> ・国外送金等調書
> ・財形非課税申告書
> ・財産形成非課税住宅・年金貯蓄申告書

3. その他マイナンバーが記載されている書類

これ以外にもマイナンバーが記載される書類として以下の書類があります。

- ・住民票の写し等（番号記載）
- ・確定申告書　等

これらを融資業務等、マイナンバー対応を行う以外の業務で受け取る際は注意が必要です（本章1.①参照）。

④　金融機関が取り扱うマイナンバー

金融機関は、一般事業者と金融業務の両方の分野でマイナンバーを取り扱います。

1. 一般事業者として

一般事業者としては、以下の人のマイナンバーを取り扱います。

①　職員およびその扶養親族

②　下記に該当する個人への支払先

〈報酬、料金、契約金および賞金の支払調書〉

・講演の謝金を払った講演者

121

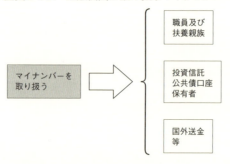

図表3-1-2　金融機関が取り扱うマイナンバー

・弁護士、司法書士、税理士、等
〈不動産の使用料等の支払調書〉
・営業店等で使用した駐車場等のオーナー、等

2. 金融業務として

金融業務としては、以下の人のマイナンバーを取り扱います。
・特定口座保有者
・投資信託・公共債の一般口座保有者
・国外送金等を行う人（100万円以下の場合告知のみ、100万以上の場合調書作成で使用）
・財産形成非課税住宅・年金貯蓄契約者（2016年以降新規に手続を行う場合のみ）・預貯金付番

なお、特定口座保有者や国外送金調書等については3年間の猶予期間があります。

第 3 章　マイナンバー制度の金融業務への影響

特定個人情報 Q&A【（別冊）金融業務】

16：個人番号の利用制限

Q16-3　金融機関が顧客から個人番号の提供を受ける際に、「激甚災害時等に金銭の支払を行う事務」を利用目的として特定して、本人への通知等を行う必要がありますか。

A16-3　激甚災害時等に金銭の支払を行う場合には、法律の規定に基づき当初特定した利用目的を超えた個人番号の利用が認められているものであるため、当該事務を利用目的として特定して、本人への通知等を行う必要はありません。

⑤　マイナンバーを入手する方法

1.　マイナンバーは第三者からの提供は不可

　マイナンバーは、番号法に定める場合のほかは第三者提供をすることはできません。このため、仮に本人の同意があっても第三者から入手することはできないことになります。

　例えば、「お客さまの個人番号を知りたい」と行政機関に問い合わせても提供を受けることはできません。同様に、「以前職員が勤務していたグループ企業に職員の個人番号を問い合わせること」もできません。

2.　本人から提供を受け、本人確認も必要

　このようなことから、対象者が誰であれ、原則として本人から番号を提供してもらう必要があります。また、その際には本人確認行為が必要となります。つまり、一般事業者としては職員一人ひとりから、また金融業務に関してはそれぞれのお客さまから番号を提供してもらい、本人確認を行う必要があります。

図表 3-1-3　マイナンバー提供を受ける方法
マイナンバーは原則本人から提供してもらう必要がある

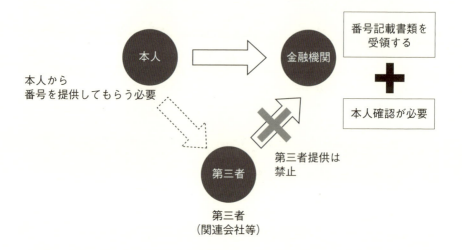

本人からの提供に際しては代理人による提出も認められていますが、所定の手続を踏む必要があります。

なお、職員の扶養親族のマイナンバーに関しては、職員本人から提供してもらうことになります。この場合、扶養親族分の本人確認は金融機関として行う必要はありません。

第3章　マイナンバー制度の金融業務への影響

特定個人情報 Q&A【（別冊）金融業務】

> 17：個人番号の提供の要求
>
> **Q17-9**　保険会社から個人番号関係事務の委託を受けた保険代理店（保険窓販を行う銀行等を含む。）は、保険会社が既に顧客から個人番号の提供を受け、適法に保管している場合であっても、保険契約の都度個人番号の提供を求める必要がありますか。
>
> **A17-9**　保険会社が、前の保険契約を締結した際に支払調書作成事務のために提供を受けた個人番号は、後の保険契約に基づく支払調書作成事務のために利用することができると解されますので、保険契約の都度個人番号の提供を求める必要はありません。なお、保険代理店（保険窓販を行う銀行等を含む。）は、個人番号関係事務の委託を受けた保険会社が顧客から既に個人番号の提供を受けているか確認できる手法・システムを構築することが考えられます。

⑥　マイナンバーを申告してもらう手順

1.　マイナンバー申告の手順

すでに説明したように、金融機関は一般事業者として従業員等のマイナンバーを、金融業務として投資信託口座の保有者などのマイナンバーを申告してもらう必要があります。

申告に際しては、以下のような手順が必要となります。

①　マイナンバーの利用目的の明示

マイナンバーを取得する際には、あらかじめ利用目的を特定して明示する必要があります。例えば、利用目的を本人に通知または公表する、等の対応が必要です。

なお、これらの明示の方法としては、既存の約款に追加する等の方法で構いません。また、利用目的になるのは社会保障や税に関わる法定業

125

務ですので本人の同意は不要です。

②　番号記載書類の受領と本人確認

　マイナンバーの申告としては、マイナンバーそのものの申告書類を提供してもらう、または番号記載の法定書類等を直接提供してもらう、等の方法があります。

　このように番号記載の書類を提供してもらうときには、本人確認手続が必要です。

2.　犯収法と番号法に基づく本人確認

　ここで注意しなければならないのは、金融口座開設時の犯収法（「犯罪による収益の移転防止に関する法律」）に基づく本人確認と番号法に基づくマイナンバー申告時の本人確認は別個の手続であり、必要な要件も異なるという点です。

　ここでは、犯収法における本人確認は省略しますが、マイナンバーの申告に際しての本人確認手続では以下の2つの本人確認を行う必要があります。

　①　番号確認

　②　身元（実在性の）確認

　①の番号確認は、申告してもらった個人番号が正しいかどうかの確認です。そのためには、通知カードや個人番号カード等のように、個人番号が記載されている公的書類等で確認することが求められます。

　仮に、これらの書類を持っていない職員やお客さまに関しては、改めてこれらの書類を住所地の市区町村窓口等で取得してもらうことが必要になる可能性があります。あらかじめこれらの書類の準備をお願いすることが望ましいでしょう。

　なお、個人番号カードに記載の番号を手元に控える、コピーすることは税等の手続のためにマイナンバーを使う場合以外は目的外の取得に当

126

第3章 マイナンバー制度の金融業務への影響

図表 3-1-4 マイナンバー取得時の留意点

マイナンバーを従業員などから取得するときは、利用目的の明示と厳格な本人確認が必要です。

利用目的はきちんと明示！

・マイナンバーを取得する際は、利用目的を特定して明示
（※）する必要があります。
（例）「源泉徴収票作成事務」「健康保険・厚生年金保険届出事務」

・源泉徴収や年金・医療保険・雇用保険など、複数の目的
で利用する場合は、まとめて目的を示しても構いません。

※個人番号を取得するときは、個人情報保護法第18条に基づき、利用目的を本人に通知又は
　公表する。また、本人から直接書面に記載された個人番号を取得する場合は、あらかじめ,
　本人に対し、その利用目的を明示する。

本人確認は成りすまし防止のためにも厳格に！

・マイナンバーを取得する際は、他人の成りすまし等を防
止するため、厳格な本人確認を行います。

・本人確認では、①正しい番号であることの確認（番号確認）
と②手続を行っている者が番号の正しい持ち主であるこ
との確認（身元確認）を行います。

たります。例えば、犯収法の本人確認のため、身分証明書の記載事項と
して個人番号を控えてはいけません。

　②の身元確認は、顔写真付きの身分証等で確認が必要です。例えば、
免許証や旅券等が対象になります。

　仮に、これらの身分証をもっていない場合には、2つ以上の書類の提
出が必要です。例えば、健康保険証、国民年金手帳、住民票の写し等が

図表 3-1-5　マイナンバー取得時の本人確認

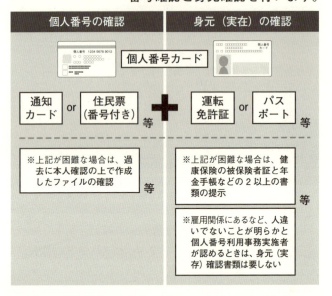

対象になります。

　本人確認は、非常に大切な手続であり厳格な手続が必要となります。対象者の本人確認をすでに行っている場合には、2回目以降の本人確認は初回に確認・取得した情報を活用することで負担軽減は可能です。ただし、必ず一度は厳格な本人確認が必要です。その点に関して、お客さまに対してはもちろんのこと、職員に対しても丁寧に説明し、手続について理解してもらうことを心掛ける必要があります。

第3章　マイナンバー制度の金融業務への影響

特定個人情報 Q&A【事業者編】

6：収集・保管制限

Q6-3　収集・提供した個人番号に誤りがあった場合、個人番号関係事務実施者である事業者に責任は及びますか。

A6-3　個人番号に誤りがあった場合の罰則規定はありませんが、番号法第 16 条により、本人から個人番号の提供を受けるときは、本人確認（番号確認と身元確認）が義務付けられており、また、個人情報保護法第 19 条により、正確性の確保の努力義務が課されています。

⑦　顧客がマイナンバーの提供を拒んだ場合

1. マイナンバー取得に関する強制規定なし

　番号法上は、個人番号（マイナンバー）を取得するための強制規定はありません。例えば、番号法 14 条には「個人番号利用事務等実施者は、個人番号利用事務等を処理するために必要があるときは、本人又は他の個人番号利用事務等実施者に対し個人番号の提供を求めることができる」とされており、あくまでもお客さまからの提供をお願いすることのみが可能です。

　一方、マイナンバー制度の対象となる各種書類において、番号（個人・法人）は法定記載事項として制度上明記されています。このため、例えば税に関する各種調書等に関しては、源泉徴収義務者である金融機関はこれらの法定記載事項をきちんと記載のうえ、提出することが義務付けられています。

　このことから、金融機関としてはお客さまに対してその必要性を理解してもらい、提供をお願いしなければなりません。

129

2. 最終的には税務署等の指示に従う

　国税庁 HP「社会保障・税番号制度＜マイナンバー＞ FAQ」の「法定調書に関する FAQ」には、下記の言及があります。

国税庁 FAQ

> **Q1-2**　従業員や講演料等の支払先等からマイナンバー（個人番号）の提供を受けられない場合、どのように対応すればよいですか。
> （答）
> 　法定調書の作成などに際し、従業員等からマイナンバー（個人番号）の提供を受けられない場合でも、安易に法定調書等にマイナンバー（個人番号）を記載しないで税務署等に書類を提出せず、従業員等に対してマイナンバー（個人番号）の記載は、法律（国税通則法、所得税法等）で定められた義務であることを伝え、提供を求めてください。
> 　それでもなお、提供を受けられない場合は、提供を求めた経過等を記録、保存するなどし、単なる義務違反でないことを明確にしておいてください。
> 　経過等の記録がなければ、マイナンバー（個人番号）の提供を受けていないのか、あるいは提供を受けたのに紛失したのかが判別できません。特定個人情報保護の観点からも、経過等の記録をお願いします。
> 　なお、税務署では、社会保障・税番号＜マイナンバー＞制度に対する国民の理解の浸透には一定の時間を要する点などを考慮し、マイナンバー（個人番号）・法人番号の記載がない場合でも書類を収受することとしていますが、マイナンバー（個人番号）・法人番号の記載は、法律（国税通則法、所得税法等）で定められた義務であることから、今後の法定調書の作成などのために、今回マイナンバー（個人番号）の提供を受けられなかった方に対して、引き続きマイナンバーの提供を求めていただきますようお願いします。

　お客さまから提供を拒まれた場合には、税書類の提出先である税務署

等の指示に従う必要があります。

　国税庁のFAQにあるように、

① 　マイナンバー（個人番号）の記載は、法律（国税通則法、所得税
　　法等）で定められた義務であることを伝え、提供を求める

② 　それでもなお、提供を受けられない場合は、提供を求めた経過等
　　を記録、保存するなどし、単なる義務違反でないことを明確にして
　　おく

③ 　マイナンバー（個人番号）の提供を受けられなかった方に対して、
　　引き続きマイナンバーの提供を求める。

等の対応をお願いします。

内閣官房FAQ

（4）民間事業者における取扱いに関する質問　4-4　利用・安全管理
Q4-4-4 　マイナンバーが漏えいして不正に用いられるおそれがあると
きは、マイナンバーの変更が認められますが、事業者は、従業員などの
マイナンバーが変更されたことをどのように知ることができますか？
A4-4-4 　マイナンバーが変更されたときは事業者に申告するように従
業員などに周知しておくとともに、一定の期間ごとにマイナンバーの変
更がないか確認することが考えられます。毎年の扶養控除等申告書など、
マイナンバーの提供を受ける機会は定期的にあると考えられるので、そ
の際に変更の有無を従業員などに確認することもできます。（2014年
7月回答）

⑧ マイナンバーを変更した顧客への対応

1. 漏えいのおそれのある場合にはマイナンバー（個人番号）が変更される場合がある

マイナンバーは全ての住民に付番され、生涯同じ番号を使うことが前提です。しかしながら、場合によってはマイナンバーが変更される可能性があります。

具体的には、マイナンバーが漏えいして悪用されるおそれがある場合です。

このような事態に関して、マイナンバー制度に係る法律である番号法7条2項には次のような規定が設けられています。

「市町村長は、個人番号が漏えいして不正に用いられるおそれがあると認められるときは、…（略）…その者の請求又は職権により、その者の従前の個人番号に代えて、…（略）…機構から通知された個人番号とすべき番号をその者の個人番号として指定し、速やかに、その者に対し、当該個人番号を通知カードにより通知しなければならない」。

つまり、番号が漏えいして悪用されるおそれがある場合には、本人が届け出るかまたは市町村長の判断（本人からの届出を待っている時間がない緊急時等）で、新しいマイナンバーに変更することができます。新しいマイナンバーが決定すると、その番号が記載された新しい通知カードが交付されます。変更を受けた人は、古い番号が記載された通知カードおよびマイナンバーカードを返納し、古い番号はそのまま無効な番号となります。

このような対応を行うことで、漏えいに伴う不正利用等の被害を防ぐ仕組みになっています。

第3章　マイナンバー制度の金融業務への影響

2. 番号を変更した場合には番号の届出先に必ず変更の連絡を

　このように、マイナンバーの番号が変更された場合には、どのようなことが必要になるでしょうか。

　番号が新しくなり、古い番号が無効になっていますから、既に届出を行った先には新しいマイナンバーの届出を行う必要があります。

　例えば、以下のような届出先に改めて新しいマイナンバーを届け出ることが必要です。

・勤務先

・支払調書作成のために届出を行っている先（家賃収入等がある人）

・マイナンバーの届出を既に行っている金融機関

金融機関としては、

①　漏えいのおそれがある場合などには、番号の変更が行われる可能性がある

②　そのような顧客には、改めてマイナンバーを届け出るように日頃から広報などを行う必要がある

点に注意が必要です。

3. 改めて番号確認と身元確認が必要に

　なお、新しいマイナンバーの届出を行う場合には、改めて本人確認手続が必要です。

　本人確認には、番号確認と身元確認の2つが必要になります。

　番号確認には、新しいマイナンバーが記載されている通知カードまたはマイナンバーカード（新しい番号で再発行してもらうことが必要）が必要です。身元確認には、マイナンバーカードまたは原則顔写真付きの身分証（免許証等）が必要です。

　これらの手続は、初めてマイナンバーの届出を行う際と同じ手続です。

133

図表 3-1-6　マイナンバーの変更と必要手続

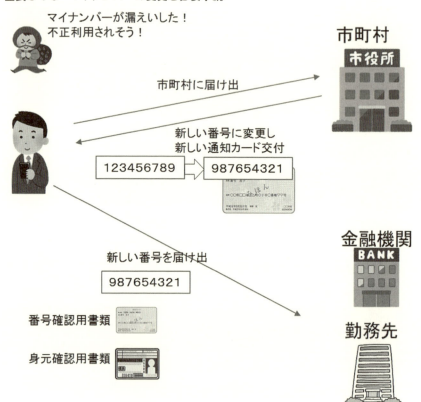

第3章　マイナンバー制度の金融業務への影響

①　預貯金付番に伴う金融機関への影響

1．預貯金付番に伴う金融機関への影響は大きく4つ

　預貯金付番に伴う金融機関への影響は大きく以下の4つとなります。

①　預貯金口座とマイナンバーを紐付けるシステム整備

②　預貯金に係る事務規程の付番を踏まえた改定

③　特定個人情報の取扱いに伴う対応（従来からの対応の再点検）

④　顧客への説明

2．預貯金口座とマイナンバーを紐付けるシステム整備が必要

　預貯金付番に関する番号法の改正（2015年9月成立）に伴い、国税通則法に新たに次の1条が追加されています。

第74条の13の2　金融機関等（預金保険法（昭和46年法律第34号）第2条第1項各号（定義）に掲げる者及び農水産業協同組合貯金保険法（昭和48年法律第53号）第2条第1項（定義）に規定する農水産業協同組合をいう。）は、政令で定めるところにより、預貯金者等情報（預貯金者等（預金保険法第2条第3項に規定する預金者等及び農水産業協同組合貯金保険法第2条第3項に規定する貯金者等をいう。）の氏名（法人については、名称）及び住所又は居所その他預貯金等（預金保険

135

法第 2 条第 2 項に規定する預金等及び農水産業協同組合貯金保険法第 2 条第二項に規定する貯金等をいう。）の内容に関する事項であって財務省令で定めるものをいう。）を当該預貯金者等の番号（行政手続における特定の個人を識別するための番号の利用等に関する法律（平成 25 年法律第 27 号）第 2 条第 5 項（定義）に規定する個人番号（第 124 条第 1 項（書類提出者の氏名、住所及び番号の記載等）において「個人番号」という。）又は同法第 2 条第 15 項に規定する法人番号をいう。第 124 条第 1 項において同じ。）により検索することができる状態で管理しなければならない。

このように、金融機関等に対して預貯金口座の情報をマイナンバー（法人の場合には法人番号）で検索できる状態で管理することが義務付けられました（2018 年 1 月 1 日施行）。

こうした管理をするためには、以下のようなシステム・事務対応が必要になります。

① 預貯金口座とマイナンバーを紐付ける仕組みの整備
② 行政機関等からの照会に対して、マイナンバーによって検索した預貯金情報を提供する仕組みの整備
③ 顧客からの提供等により取得したマイナンバーを登録する仕組みの整備

3. 預貯金に係る事務規程の改定

金融機関には、上記システム・事務対応に加えて、預貯金の取扱いに係る事務規程も改定する必要があります。

具体的には、

① 口座開設時点ないし顧客からの申し出時点で、マイナンバーを登録する事務

第3章　マイナンバー制度の金融業務への影響

②　下記のマイナンバー利用に際しての取扱事務
　　・行政機関からのマイナンバーが付された預金情報の提供依頼
　　・預金保険機構等によるペイオフに係る名寄せ
③　口座へのマイナンバー登録の有無を確認する事務
等の規程の見直しが考えられます。

4.　特定個人情報の取扱いに伴う対応

　個人情報保護法においてマイナンバー及びマイナンバーを含む個人情報は特定個人情報と規定され、極めて厳格な管理が義務付けられています。つまり、金融機関が預貯金付番に伴って取得したマイナンバー並びにマイナンバーを含む個人情報についても、特定個人情報として厳格に管理する必要があります。

　すでに投資信託口座等の有価証券を取り扱っている各金融機関においては、特定個人情報の取扱いに熟知していると思いますが、今後は預貯金付番に伴って取得したマイナンバーについても同様の取扱いが必要になるわけです。預貯金の場合、対象となる顧客や口座数が投資信託口座等に比べて格段に多いため、事前に十分な対応準備を行う必要があります。少なくとも従来の預貯金情報とマイナンバーの管理については、可能な限り分別して管理する仕組みを整備することが必要です。

5.　顧客への説明

　預貯金付番に関する顧客への説明は、以下の点からできるだけ丁寧に説明するべきです。
①　対象となる顧客数が投資信託口座保有数に比べて格段に多い
②　預貯金という身近な商品が対象になるため、顧客からの問い合わせ等が急激に増える可能性が高い
③　「付番は任意である」ことについて、十分に説明する必要がある。

137

特に預貯金口座の場合、金融知識に詳しくない顧客も多数存在するので、噛み砕いた説明ができるよう前もって準備することが重要です。

② 預貯金付番でのマイナンバー手続の方法

1. 預貯金付番でのマイナンバーの届出は、既に実施済みの金融取引における届出手続と基本的に同じ

預貯金口座へのマイナンバーの届出のやり方は、既に各金融機関が行っている下記の金融取引の際に行っている届出手続と何ら違いはありません。

・投資信託等の有価証券取引口座
・海外送金関連　等

これは、マイナンバーの届出に関するルールは、番号法や関連政省令で細かく規定されており、利用分野の違いに関わらず厳格なルールに則って手続を行うことになっているためです。

既に、マイナンバー制度が始まってかなりの期間が経過しており、顧客の方々も何らかの形でマイナンバーの届出を勤務先や税務署等に行った経験があると思われます。

「他領域と同じように手続をすれば問題ない」と顧客に説明すれば、特に大きな混乱は生じないと思われます。

2. マイナンバーの届出書類の記載と本人確認手続が必要

マイナンバーの届出と共に必ず、本人確認も行う必要があります。
番号法第 16 条によれば、

第3章　マイナンバー制度の金融業務への影響

（本人確認の措置）

第十六条　個人番号利用事務等実施者は、第十四条第一項の規定により本人から個人番号の提供を受けるときは、当該提供をする者から個人番号カード若しくは通知カード及び当該通知カードに記載された事項がその者に係るものであることを証するものとして主務省令で定める書類の提示を受けること又はこれらに代わるべきその者が本人であることを確認するための措置として政令で定める措置をとらなければならない。

とされており、本人確認手続の必要性は法律で規定されています。「自分の番号は覚えており、いちいち確認等は不要のはずだ」と顧客から申し出られたとしても、必ず本人確認手続を行わなければなりません。

　本人確認手続に際しては、番号確認と身元確認が必要です。

　顧客からマイナンバーカードを提示してもらった場合には、番号確認と身元確認をその1枚のカードで行えます。

　一方、顧客から通知カードまたは番号付き住民票の提示を受けて番号確認を行った場合には、身元確認の手段として原則写真付きの身分証の提示を行ってもらう必要があります。写真付きの身分証がない場合には、健康保険の被保険者証と年金手帳などの2つ以上の書類の提示が必要です。

3.　特定個人情報としての安全管理措置への配慮が必要

　預貯金口座へのマイナンバーの届出を受け付ける際には、安全管理措置への配慮が必要です。

　マイナンバーを含む個人情報は特定個人情報として、厳格な安全管理措置の対応が求められます。

　既に、有価証券口座等で安全管理措置等の対応が行われていると思われますが、預貯金口座は口座数も多く、口座保有の顧客や関係する金融

139

図表 3-2-1　預貯金付番における番号確認と身元確認

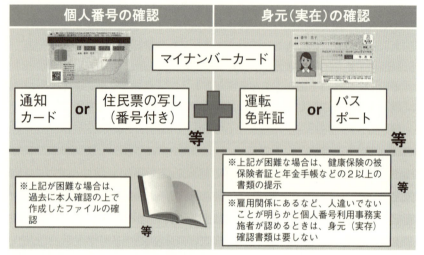

出所：内閣官房「(2017年12月発行) マイナンバー　社会保障・税番号制度　概要資料」
http://www.cao.go.jp/bangouseido/pdf/seidogaiyou_2912.pdf

機関側の関係者も多岐にわたります。それに伴い、安全管理に配慮すべき業務内容や顧客対応も大幅に広がる点に留意が必要です。

③　新規口座開設時にマイナンバー届出を顧客が申し出た場合

1．2018年1月以降は預貯金口座開設時に、マイナンバーの届出を依頼

　新規口座開設者からは口座開設時に顧客の番号を取得できるよう告知の求めを行い、それに基づいて顧客が届出を申し出た場合には、マイナンバーの届出と本人確認を行います。
　具体的なマイナンバーの届出の手順は、各金融機関により異なります。

第3章　マイナンバー制度の金融業務への影響

例えば、口座開設申込書に番号記載欄を追加し記載をお願いする、別途番号のみを記載した届出書に記載をお願いする、などの方法が考えられます。

　いずれにしても、口座開設時は様々な書類の徴求を行うとともに、顧客に必要な手続等を説明できる機会ですので、丁寧な説明を心がけることが大事です。

2.　マイナンバーの届出は任意であり、希望しない場合には届出不要

　既に述べたように、預貯金へのマイナンバーの届出はあくまでも顧客からの申出による任意での届出となります。

　口座開設時にマイナンバーの届出を依頼する際には、その旨を顧客にしっかりと伝える必要があります。

　顧客に伝える際には、

・預貯金付番が開始したこと

・あくまでも任意での届出であること

・預貯金付番の意義と目的

・顧客が提供したマイナンバーは、預金保険法に規定に基づく名寄せや資力調査や税務調査等の法律で定められた分野でのみ利用し、金融機関も行政機関も目的外の利用は行わないこと

などを伝えることが必要です。

3.　マイナンバーの届出に際しては、本人確認も行う

　新規口座開設時にマイナンバー届出を顧客に行ってもらう際には、本人確認手続も行う必要があります。

　マイナンバーの本人確認は、通知カードやマイナンバーカード等の番号記載書類による番号確認と原則写真付き身分証による身元確認が必要となります。

141

図表 3-2-2　改正犯収法の本人確認

平成28年10月1日からの主な変更点

1　顔写真の無い本人確認書類（健康保険証、年金手帳等）を金融機関に提示する場合、以下の確認が追加されます。

⇒ 当該本人確認書類の提示 ＋ 別の本人確認書類（住民票の写し等）の提示、または現住居の記載がある公共料金の領収書等の提示など

出所：金融庁

　従来から口座開設時には「犯罪による収益の移転防止に関する法律」（犯収法）による本人確認が行われています。

　従来は犯収法の本人確認手続と番号法の身元確認（犯収法の本人確認に該当）手続では、対象となる身分証等に違いがありましたが、2016年10月1日に施行された改正犯収法では、顔写真のない本人確認書類の提示の際には2つ以上の書類の提示を行うなど、犯収法と番号法の手続で必要な書類の差は原則なくなりましたので、2つの手続で必要な書類が異なるなどといった混乱は防げるようになりました。

　ただし、犯収法では顔写真のない本人確認書類の提示の際には、取引に係る書類等を顧客に対し「転送不要郵便物」等で郵送するなどの方法をとれば、1つの書類のみで確認することも可能とされていますが、番号法ではこのような確認方法は認められていませんので注意が必要です。

第 3 章　マイナンバー制度の金融業務への影響

④　法人名義口座の手続の方法

1. 法人名義の口座であっても預貯金付番の適用対象

　法人名義であっても、預貯金付番の適用対象となります。この場合、マイナンバーつまり個人番号ではなく法人に付番される法人番号を付番することになります。

　内閣官房の公表した「預貯金付番に向けた当面の方針（案）」（2014年12月）によれば、

> 国税通則法及び地方税法に金融機関は預貯金口座情報をマイナンバー又は法人番号によって検索できる状態で管理しなければならない旨を規定するとともに、当該規定を番号法第9条第3項に明掲し、金融機関が個人番号関係事務実施者として預貯金者等に対してマイナンバーの告知を求めることができることを明らかにする。

としています。

　そして、改正番号法と伴い改正された国税通則法によれば、

> 第七十四条の十三の二　金融機関等…（略）…は、政令で定めるところにより、預貯金者等情報（預貯金者等…（略）…の氏名（法人については、名称）及び住所又は居所その他預貯金等…（略）…の内容に関する事項であつて財務省令で定めるものをいう。）を当該預貯金者等の番号（行政手続における特定の個人を識別するための番号の利用等に関する法律（平成二十五年法律第二十七号）第二条第五項（定義）に規定する個人番号又は同条第十五項に規定する法人番号をいう。第百二十四条第一項（書類提出者の氏名、住所及び番号の記載等）において同じ。）により検索することができる状態で管理しなければならない。

143

としています。

このことから明らかなように、法人名義の口座に関しては、個人番号の代わりに法人番号を登録する必要があります。

なお、法人名義の口座に関しても預貯金付番においては番号の届出はあくまでも任意ですので、個人の顧客と同様に顧客法人側が提供を拒むことも可能です。ただし、支払調書作成対象となる法人の定期性預金については番号届出は義務ですので、提供を拒むことはできません。

2. 法人番号の届出の際には、法人番号を確認できる書類等の確認を

法人番号の届出を受け付ける際には、どのようにすればよいのでしょうか。

マイナンバーつまり個人番号の場合、届出に際しては番号確認と身元確認が必要でした。

一方、法人の場合には身元確認を行う手段はなく、かつ番号法上もそのような確認を行う規定はありませんので、法人番号を確認できる書類を顧客法人に準備してもらうことになります。

マイナンバーの付番と合わせて、法人には法人番号が付番されました。この法人番号は、

① 国の機関

② 地方公共団体

③ 会社法その他の法令の規定により設立の登記をした法人（設立登記法人）

④ ①〜③以外の法人または人格のない社団等であって、法人税・消費税の申告納税義務または給与等に係る所得税の源泉徴収義務を有することとなる者

⑤ ①〜④以外の法人または人格のない社団等であって、個別法令で設立された国内に本店を有する法人や国税に関する法律に基づき税

144

第3章　マイナンバー制度の金融業務への影響

　　　　務署長等に申告書・届出書等の書類を提出する者など一定の要件に
　　　　該当するもので、国税庁長官に届け出たもの
には、付番されます。
　一般的な事業会社でなくても、上記の条件を満たせば法人番号が付番
されますので、税金の手続で届出を行ったマンションの管理組合等にも
法人番号が付番されます。
　法人番号の届出に際しては、このように付番された法人番号を届け出
るとともに以下のような確認書類のいずれかを提示してもらうことにな
ります。
　①　法人番号指定通知書（提示日前6カ月以内に作成）
　②　法人番号指定通知書（提示日前6カ月以上前に作成）＋法人確認
　　　書類
　③　法人番号印刷書類（提示日前6カ月以内に作成）＋法人確認書類
　なお、②、③で必要になる主な法人確認書類としては、以下のような
ものがあります。
　・印鑑証明書（発行後6カ月以内のもの）
　・登記事項証明書（写しを含む、6カ月以内のもの）
　・国税または地方税の領収書、納税証明書、社会保険料の領収書（領
　　収日付または発行年月日が6カ月以内のもの）
　・法令の規定に基づき官公署から送付を受けた許可、認可、承認に係
　　る書類（6カ月以内のもの）

図表3-2-3 法人番号指定通知書

（送付先）
100-0013
東京都千代田区霞が関3丁目1番1号

法人番号株式会社　御中

平成27年10月5日

国 税 庁 長 官
（官印省略）

法人番号指定通知書

　行政手続における特定の個人を識別するための番号の利用等に関する法律の規定により、下記のとおり法人番号を指定したことを通知します。

記

法人番号（13桁）		1　2　3　4　5　6　7　8　9　0　1　2　3
法人番号の指定を受けた者※1	商　号 又は名称	法人番号株式会社.
	本店又は主たる事務所の所在地	東京都千代田区霞が関3丁目1番1号
	国内における主たる事務所等の所在地※2	
法人番号指定年月日		平成27年10月5日
国税庁法人番号公表サイトの表記※3	商　号 又は名称	法人番号株式会社
	本店又は主たる事務所の所在地	東京都千代田区霞が関3丁目1番1号
	国内における主たる事務所等の所在地※2	

(G151012-1234567)

※1　通知書作成日現在の情報に基づく表記です。
※2　法人番号の指定を受けた者が外国法人等の場合に記載しています。
※3　国税庁法人番号公表サイトでは、JIS第1水準及び第2水準以外の文字をJIS第1水準及び第2水準の文字に置換えしています。
　　また、人格のない社団等については、あらかじめその代表者又は管理人の同意を得た場合に公表する表記です。

第3章　マイナンバー制度の金融業務への影響

⑤　既に投信口座等でマイナンバーを届け出た顧客の預金付番

1. 顧客単位での管理を行っている場合には、投資信託口座と預貯金口座が紐付く

　一般に金融機関では、CIF 番号による顧客管理を行っています。投信口座も CIF 番号による顧客管理を行っている場合、同じ CIF 番号で紐付けられている預貯金口座に対しては、マイナンバーの利用目的の変更を金融機関が行っている場合、その預貯金口座に対してもマイナンバーが登録されます。

　これは、法定調書等への付番のためにマイナンバーを提供した顧客に関しては、改めてマイナンバーの提供を行わずに預貯金口座に登録を行うためです。

　顧客利便性の観点からも二重での届出は手間がかかります。そこで、既に顧客からマイナンバーを取得済みであれば、利用目的を変更することで対応できるようにしたのです。

2. マイナンバーの利用目的の変更とその公表・通知が必要

　個人情報保護委員会のガイドラインに関する Q & A には、次のような記載があります（https：//www.ppc.go.jp/legal/policy/answer/）。

> Q16-5　金融機関が、利用目的を「金融商品取引に関する支払調書作成事務」と特定し、顧客から個人番号の提供を受けていた場合、「預貯金口座への付番に関する事務」のためにその個人番号を利用するには、どのような対応が必要ですか。

147

A16-5　個人番号の提供を受けた時点で利用目的として特定されていなかった「預貯金口座への付番に関する事務」のためにその個人番号を利用することは、特定した利用目的を超えて個人番号を利用することになりますので、当該事務のためにその個人番号を利用するには、利用目的を明示し、改めて個人番号の提供を受けるか、利用目的を変更して、変更された利用目的を本人に通知し、又は公表する必要があります。（平成29年7月追加）

とされています。

　このように、各金融機関が公表している利用目的を変更し公表または通知することで、顧客からの同意を得ることなく、預貯金へのマイナンバーの登録が行えるようになります。

　例えば、以下のような利用目的の変更を行うことが考えられます。

（利用目的変更の例）

　金融機関×××は、個人情報保護法第15条第2項および第18条第3項を踏まえ、当行の「個人番号および個人番号をその内容に含む個人情報の利用目的」を以下のとおり変更（追加）しますので、お知らせいたします。

　なお、変更日は、預貯金口座付番が開始される2018年1月1日からといたします。

＜個人番号の利用目的（変更前）＞

　金融商品取引に関する法定書類作成事務

　国外送金等取引に関する法定書類作成事務

　非課税貯蓄制度等の適用に関する事務

　不動産取引、報酬、料金、契約金および賞金に関する支払調書作成事務

> <個人番号の利用目的（変更後）>
>
> 　金融商品取引に関する法定書類作成事務
>
> 　国外送金等取引に関する法定書類作成事務
>
> 　非課税貯蓄制度等の適用に関する事務
>
> 　不動産取引、報酬、料金、契約金および賞金に関する支払調書作成事務
>
> 　預貯金口座付番に関する事務（追加）

3. 業務・システム面での対応は必要

　なお、取得済みのマイナンバーを預貯金口座にも登録するに際しては、業務面及びシステム面での対応が必要です。各金融機関はその対応を行う必要があります。

　特に業務面では、顧客から「マイナンバーの届出を行っていないのに預貯金口座にマイナンバーが登録されている」等の問い合わせがある可能性があります。

　利用目的が変更されること、それに伴い取得済みのマイナンバーを登録することに関して、広報活動を丁寧に行うとともに、問い合わせへの対応をきちんと準備することが望ましいでしょう。

⑥　預金付番でマイナンバーの提供を拒否された場合

1. 預貯金付番でのマイナンバー届出は任意

　預貯金付番でのマイナンバー届出は任意での届出となっており、届出を金融機関から依頼されても拒否することは可能です。

　仮にマイナンバーを届け出なくても、例えば税制面でのデメリットや預貯金口座を利用しての取引に制約が出るなどといったペナルティはありません。

　一方、マイナンバーを届け出ないからといって、改正番号法でマイナンバーの利用目的として規定されている、

　①　行政機関による資力調査や税務調査

　②　預金保険等の名寄せ

が行えないわけではありません。

　仮にマイナンバーが届け出られなくても従来からのマイナンバーを利用しない方法で業務を行うことができます。

　「マイナンバーを届け出ないことによるデメリットはない」と同時に「マイナンバーを届け出ないことによるメリットもない」ことは言うまでもありません。

2. 提供を拒まれた場合にはその経緯等を記録することが望ましい

　顧客からマイナンバーの届出を拒否された場合には、その経緯を記録することは義務ではありませんが、望ましいでしょう。

　一度提供を拒否したのに別の場所・担当者から届出を働きかけるなどした場合、その顧客との間でトラブルになる可能性があります。

　そういったことが起きないようにするために、経緯を記録するとともに金融機関内でその情報を共有できるようにすることが望ましいという

ことです。

3. 金融機関取引にはマイナンバー届出が義務である手続もある

　一方、金融機関との取引の中には、以下のようにマイナンバーの届出が必ず必要な取引もありますので、預金付番とは区別して対応しなければなりません。

　　・投資信託口座等の有価証券取引
　　・外国送金
　　・信託取引
　　・法人契約の定期預金　　等

　これらは金融機関から税務署への報告等にマイナンバーの記載が必要です。そのため、マイナンバーの届出は必ず行うことが必要です。これらは、決められた期日（例えば、2015 年 12 月 31 日までに開設したNISA 口座以外の既存の投資信託口座は 2018 年末まで）までに必ずマイナンバーを届け出ることが必要です。

4. 届出が義務の手続でも現時点では特に罰則などはない

　なお、投資信託口座のようにマイナンバーの届出が義務付けられている取引に関して、仮に届出を行わなくても現時点では罰則やペナルティ等はありません。

　ただし、新規に口座を開設する際には、マイナンバーの届出を行わないと口座開設ができません。

　このように投資信託口座等は罰則などがなくても、法律に規定された「義務」ですので、必ず届出を受けるようにしましょう。

151

⑦　マイナンバーの届出を行わなくても預貯金口座にマイナンバーが登録される場合

1.　マイナンバーの届出なく預貯金口座に番号が登録される可能性

　預貯金口座へのマイナンバーの届出は任意であり、例えば口座にマイナンバーの登録を希望しない顧客はそもそも届出を行う必要はありません。

　しかしながら、このような登録を希望せずマイナンバーの届出を行わない顧客の預貯金口座にマイナンバーが登録される場合があり得るのです。

　それは、

　①　既に他の金融商品取引における法定調書作成等のためにマイナンバーの届出を顧客より受けている場合

　②　行政機関が公金振込口座の情報とマイナンバーの情報を紐付けて金融機関に提供する場合（現時点では実施時期未定）

の2つのケースです。

2.　投信口座等でマイナンバーを取得済みなどの顧客

　投資信託等の有価証券口座を保有する顧客は、マイナンバーの届出が義務付けられており、猶予期間である2018年12月末までには届出を行うことになっています。

　それ以外にも海外送金等の取引等法定調書等への付番のためにマイナンバーの届出が義務付けられている金融商品取引があります。

　これらのように既に取得している場合には、マイナンバーの利用目的を金融機関として変更することによって改めて顧客からの届出を行うことなく、取得済みのマイナンバーを顧客の預貯金口座に登録を行います

図表 3-2-4　顧客の届出なく預金口座にマイナンバーを付番するケース

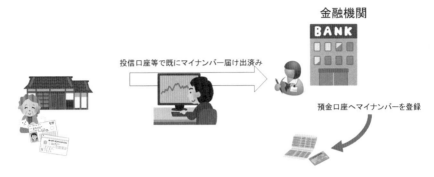

(本節⑤参照)。

　この場合、顧客からの申出などがなくても登録を行う点に注意が必要です。

3. 顧客が行政機関に届け出た公金振込口座とマイナンバー

　実施時期は未定ですが、今後税務署や市町村などの口座振込申請書にはマイナンバー記載欄が追加される予定です。そして公金振込口座には全てマイナンバーが登録されるように、マイナンバーが紐付けされた公金振込口座情報を行政機関から金融機関に提供される予定です。

　税金手続等で口座振込申請を行った顧客に関しては、このようにマイナンバー情報が行政機関から提供されますので、そのマイナンバーを公金振込を行った口座に登録することになります。

　この場合も顧客からの申出などがなくても登録を行う点に注意が必要です。

4.「届出をしていないのに付番されている」等の顧客からの問い合わせの可能性に留意すべき

　以上のように、顧客からの届出を受け付けなくても、マイナンバーが

預貯金口座に登録される場合があり得ます。

　「自分ではマイナンバーの届出を行っていないのになぜ口座に登録されているのか」などといった問い合わせが顧客より寄せられる可能性があります。

　制度開始のタイミングで、届出済みのマイナンバーを預貯金付番にも利用することなどを丁寧に説明するとともに、そのような問い合わせがあることを想定しておくことが必要です。

第3章　マイナンバー制度の金融業務への影響

3 金融機関の行職員として 留意すべきこと

①　マイナンバーの取扱いに際しての留意点

1．特定個人情報の取扱いには細心の注意が必要

特定個人情報の取扱いには、以下のような細心の注意が必要です。

①　番号法で定められている対象業務においては個人番号・法人番号の利用が必要。

②　目的外（番号法で定められていない領域）での取得・利用・保管はできない。

③　番号の取得は原則本人からの提供のみ。本人同意があっても番号法に定められる場合以外では第三者提供はできない。

④　個人番号に際しては「特定個人情報の適正な取扱いに関するガイドライン（事業者編）」および「（別冊）金融業務における特定個人情報の適正な取扱いに関するガイドライン」に基づいた厳格な安全管理措置が必要である。

金融機関の行職員は、上記留意点に従って業務を行う必要があります。また、マイナンバーを取り扱う直接の担当者以外の行職員もマイナンバー記載の書類を受け取る可能性等があります（本節②参照）。

「自分はマイナンバー取扱いの担当者ではない」という行職員でも日ごろの業務において注意を払ってもらう必要があります。

155

2. マイナンバーの保存、削除・廃棄に関する留意点

マイナンバーに関する情報は、日頃の取扱いだけではなく、保存、削除・廃棄に関しても注意が必要です。

① 保存に関して

マイナンバーに関する情報を保存する際は、マイナンバーを取り扱う専任の担当者以外は、アクセス・参照できないようにする等の配慮が必要です。CIF 等のように、幅広い営業担当者が参照できる領域にマイナンバーを保存しないようにしましょう。

② マイナンバーの削除・廃棄

解約されたお客さま等のマイナンバーの情報は法定保存期限以上は保管できません。確実に削除・廃棄を行う必要があります。削除・廃棄の対象は書類・システムデータ・システムバックアップ等すべての情報です。復元できないように確実に削除・廃棄してください。

② 融資等の業務でマイナンバー記載の書類を受け取ることはできるか？

1. マイナンバー記載の書類を受け取る場面とその対応

融資業務においては、お客さまの所得を把握するために収入を記載した税関係書類の提供をお客さまにお願いする場合があります。

例えば、個人事業主への事業性ローンに関しては確定申告関連の書類などです。なお、従来番号が記載されるとされていた源泉徴収票は2015 年 10 月の所得税法施行規則改正に伴い、本人交付分には番号が記載されないことになりましたが、個人情報保護法の開示請求に基づく源泉徴収票には番号記載の可能性がある点に留意が必要です。

マイナンバー制度がスタートすると、これらの書類には対象者の個人

番号が記載されることになります。このため、これらの書類は特定個人情報となります。すでに説明したように、特定個人情報は法で定められた目的外での取得や利用は禁じられています。

融資業務は、この法で定められた業務以外に該当します。このため、個人番号が記載された源泉徴収票等を融資担当者が受け取ったりすることは、法令違反となります。

このようなことを避けるためには、例えば、お客さまにあらかじめこれらの書類の個人番号部分をマスキングしてもらったうえで提供してもらうなどの対応が必要です。

2. マイナンバー記載の書類を気づかずに受け取った場合

なお、融資担当者等が個人番号記載とは気づかずにこれらの書類を受け取った場合には、受取りが判明した段階で返却・廃棄などの対応を行います。単に気づかずに受け取っただけでは罰則などの対象にはなりませんが、そのような対応が常態化している場合には安全管理に問題があると指摘される可能性があります。

同様に相続手続の際や預金口座の住所変更に際して住民票の写し等を受け取る際も、個人番号記載の可能性があります。個人情報記載の公的な書類の多くに、今後個人番号が記載される可能性があります。

お客さま対応部署では個人番号記載の書類を受け取る可能性があるとの前提で事務対応を心掛けるようにした方がよいと思われます。

③ 安全管理に関して、金融機関行職員として注意すべきこと

1. 特定個人情報に対する安全管理措置

すでに説明したように、番号法は特定個人情報について厳格な安全管

図表 3-3-1 番号制度に係る様式関係情報提供スケジュール

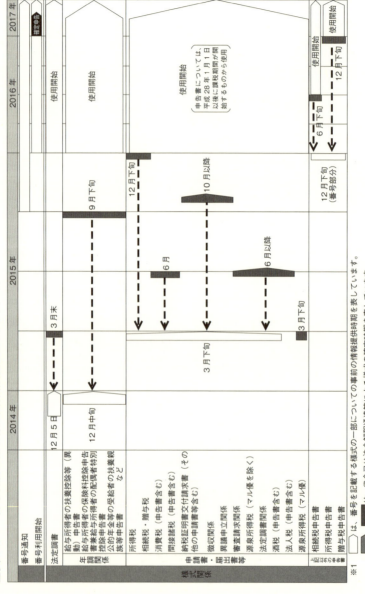

※1 ▭ は、番号を記載する様式の一部についての事前の情報提供時期を表しています。
　　▬ は、省令又は法令解釈通達等による様式の確定時期を表しています。
※2 このスケジュールは、税制改正その他の状況により変更となる場合があります。
（出所：国税庁 HP「事前の情報提供分（番号制度に係る税務関係書類の情報提供スケジュール）」）

158

第３章　マイナンバー制度の金融業務への影響

図表 3-3-2　税務関係書類への番号記載時期

	記載対象	一般的な場合	2016 年中に提出される主な場合
所得税	2016 年 1 月 1 日の属する年分以降の申告書から	2016 年分の場合⇒ 2017 年 2 月 16 日から 3 月 15 日まで	○年の中途で出国⇒出国の時まで ○年の中途で死亡⇒相続開始があったことを知った日の翌日から 4 月を経過した日の前日まで
贈与税	2016 年 1 月 1 日の属する年分以降の申告書から	2016 年分の場合⇒ 2017 年 2 月 1 日から 3 月 15 日まで	○年の中途で死亡⇒相続の開始があったことを知った日の翌日から 10 月以内
法人税	2016 年 1 月 1 日以降に開始する事業年度に係る申告書から	2016 年 12 月末決算の場合⇒ 2017 年 2 月 28 日まで（延長法人は 2017 年 3 月 31 日まで）	○中間申告書⇒事業年度開始の日以後 6 月を経過した日から 2 月以内 ○新設法人・決算期変更法人⇒決算の日から 2 月以内
消費税	2016 年 1 月 1 日以降に開始する課税期間に係る申告書から	<個人> 2016 年分の場合⇒ 2017 年 1 月 1 日から 3 月 31 日まで <法人> 2016 年 12 月末決算の場合⇒ 2017 年 2 月 28 日まで	○個人事業者が年の途中で死亡⇒相続開始があったことを知った日の翌日から 4 月を経過した日の前日まで ○中間申告書 ○課税期間の特例適用
相続税	2016 年 1 月 1 日以降の相続又は遺贈に係る申告書から	2016 年 1 月 1 日に相続があったことを知った場合⇒ 2016 年 11 月 1 日まで	○住所及び居所を有しないこととなるとき⇒住所及び居所を有しないこととなる日まで
酒税・間接諸税	2016 年 1 月 1 日以降に開始する課税期間（1 月分）に係る申告書から	2016 年 1 月分の場合⇒ 2016 年 2 月 1 日から 2 月 29 日まで	○ 2016 年中から提出
法定調書	2016 年 1 月 1 日以降の金銭等の支払等に係る法定調書から （注）	（例）2016 年分給与所得の源泉徴収票、2016 年分特定口座年間取引報告書⇒2017 年 1 月 31 日まで 2016 年 1 月 1 日前に締結された「（注）税法上告知したものとみなされる取引」に基づき、同日以後に金銭等の支払等が行われるものに係る「番号」の告知及び本人確認については、同日から 3 年を経過した日以後の最初の金銭等の支払等の時までの間に行うことができる。	（例） ○配当、剰余金の分配、金銭の分配及び基金利息の支払調書は、支払の確定した日から 1 月以内 ○金地金等の譲渡の対価の支払調書は、支払の確定した日の翌月末日
申請書・届出書	2016 年 1 月 1 日以降に提出すべき申請書等から	各税法に規定する、提出すべき期限	○ 2016 年中から提出

出所：国税庁 HP「税務関係書類への番号記載時期」より作成

理を求めています。

特に銀行等の金融機関は、従業員の給与厚生業務等一般事業者としては「特定個人情報の適正な取扱いに関するガイドライン（事業者編）」を、顧客管理に関する金融業務としては「（別冊）金融業務における特定個人情報の適正な取扱いに関するガイドライン」をそれぞれ参照しながら安全管理対策をとることが求められます。

特定個人情報ガイドラインは、特定個人情報の取扱いに関して、以下の安全管理措置をとることを求めています。

① 組織的安全管理措置

② 人的安全管理措置

③ 物理的安全管理措置

④ 技術的安全管理措置

2. 個人情報保護法でカバーされない領域について対策が必要

金融機関は、すでにお客さまの個人情報に関しては、「金融分野における個人情報保護に関するガイドライン」に則って対応を行っているため、特に金融業務に関してまったく新しい対応を行う必要はありません。

ただし、特定個人情報を取り扱う事務においては特定個人情報等を取り扱う区域の管理等の物理的安全管理措置等、従来の個人情報保護に関するガイドラインには規定されていない対策の準備等の考慮が必要です。

なお、一般事業者として、行職員に対する福利厚生業務等においても、お客さまの情報と同様の管理が必要である点にも注意すべきでしょう。

第３章　マイナンバー制度の金融業務への影響

図表 3-3-3　マイナンバーの安全管理措置

組織的
安全管理措置

- 組織体制の整備
- 取扱規程等に基づく運用
- 取扱状況を確認する手段の整備
- 情報漏えい等事案に対応する体制の整備
- 取扱状況の把握及び安全管理措置の見直し

人的
安全管理措置

- 事務取扱担当者の監督
- 事務取扱担当者の教育

物理的
安全管理措置

- 特定個人情報等を取り扱う区域の管理
- 機器及び電子媒体等の盗難等の防止
- 電子媒体等を持ち出す場合の漏えい等の防止
- 個人番号の消去、機器及び電子媒体等の廃棄

技術的
安全管理措置

- アクセス制御
- アクセス者の識別と認証
- 外部からの不正アクセス等の防止
- 情報漏えい等の防止

161

第4章 顧客が抱く疑問・質問への対応策

1 個人顧客が抱く疑問・質問

① マイナンバーは金融資産の管理強化が目的なのか？

1. 正確かつ効率的な名寄せが可能

　内閣官房社会保障改革室より公表された「社会保障・税番号制度の概要」によれば、個人番号利用の具体例として、「所得情報をより正確かつ効率的に把握できるようになります」としています。例えば、従前は各市区町村の税務担当者は、税務署や年金保険者、企業などの各機関から提出された資料を「氏名・住所など」をキーとして、名寄せを行っていました。

　このため、同姓同名の人がいたり、年度途中に引っ越しを行った人がいたりと、同一人であることの識別に手間がかかり、正確かつ効率的な名寄せが困難となっていました。

　ところが、マイナンバー制度導入に伴い各機関から提出される資料に記載されることとなる「個人番号」をキーとして、名寄せを行うことが可能になり、正確かつ効率的な名寄せが可能となりました。このことから、税務当局としては従来以上に個人の所得情報や名寄せが迅速かつ正確に行われることとなりました。

2. 現状は従前のシステムの効率的運用が目的

　ただし、マイナンバーの利用は従前のシステムの効率的運用が目的で

第4章 顧客が抱く疑問・質問への対応策

図表 4-1-1　マイナンバーによる所得の過小申告等の防止・是正

より公平で正確な税負担が実現されます

所得の過小申告等の防止・是正

○税務当局が保有する各種所得情報を番号を用いて正確かつ効率的に名寄せ・突合することにより、所得の過少申告や税の不正還付等を効率的に防止・是正できる。

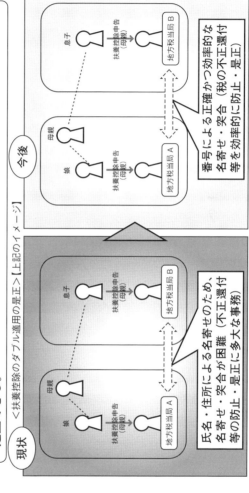

内閣官房「番号制度導入によるメリット」
http://www.cas.go.jp/jp/seisaku/bangoseido/pdf/250301merit.pdf

165

す。例えば 2018 年 1 月より預貯金口座もマイナンバー制度の対象となりますが、その利用は従来から行われている、預金保険機構等の名寄せや行政機関による資力調査・税務調査の効率化のために使われます。

　以上のことからわかるように、あくまでも今回の番号制度は既存の税・社会保障に関する各種業務のみを対象にしているので、現時点で所得情報収集の対象とならない情報に関しては、収集・名寄せは行われません。

　少なくとも当面の間は、いまある仕組みをより効率的に運用することがマイナンバー制度の中心になると思われます。

内閣官房 FAQ

（1）総論
Q1-4　マイナンバーは、誰がどのような場面で使うのですか？
A1-4　マイナンバーを誰がどのような場面で使っていいかは、法律や条例で決められています。具体的には、国の行政機関や地方公共団体などが社会保障、税、災害対策の分野で利用することになります。国民の皆さまには、年金、雇用保険、医療保険の手続や生活保護、児童手当その他福祉の給付、確定申告などの税の手続で申請書などにマイナンバーの記載が求められます。
　また、税や社会保険の手続を勤務先の事業主や金融機関などが個人に代わって手続を行う場合があり、勤務先に加え、一定の取引のある金融機関にマイナンバーを提示する場合があります。（2015 年 12 月回答）

第 4 章　顧客が抱く疑問・質問への対応策

②　既に他金融機関（系列の証券会社など）にマイナンバーの届出を行ったので不要では？

1．系列金融機関（証券子会社等）等へのマイナンバー提供は禁止

　マイナンバーは法で定められた例外以外は第三者提供が禁止されており、これは、同じグループ内の金融機関同士でも同様ですから、系列金融機関（証券子会社等）への提供も、禁止されている第三者提供に該当します。

　したがって、系列金融機関（証券子会社等）に提供済みであっても改めてマイナンバーの届出を行う必要があります。

　個人情報保護委員会の「（別冊）金融業務における特定個人情報の適正な取扱いに関するガイドライン」（2017 年 5 月 30 日最終改正）によれば、

＊「提供」に当たる場合

　金融機関甲から他の事業者乙へ特定個人情報が移動する場合は「提供」に当たる。

　同じ系列の会社間等での特定個人情報の移動であっても、別の法人である以上、「提供」に当たり、提供制限に従うこととなるため留意が必要である。例えば、甲銀行と子会社である乙証券会社が同一の顧客と取引しており、その顧客から非公開情報の授受について書面による同意を得ている場合であっても、甲乙間で顧客の個人番号を提供又は共同利用してはならない。

とされています（同ガイドライン 12 頁参照）。

　このことから明らかなように、仮にグループ内の金融機関間で一体となって顧客管理を行っていたとしても、マイナンバー及びそれに関わる特定個人情報に関してはそれぞれの金融機関で管理する必要があるた

167

図表 4-1-2　グループ内でもマイナンバーの第三者提供に該当

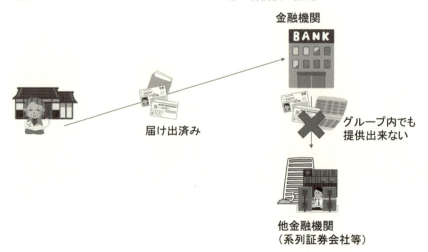

め、届出も各金融機関に行ってもらう必要があります。

　なお、マイナンバーの提供に際しては委託が認められており、例えば銀行等が証券子会社からの委託を受け、銀行等の窓口で顧客から証券子会社の口座に関するマイナンバーの提供を受けることは可能ですが、その場合、顧客がマイナンバーを提供するのはあくまでも委託した証券子会社に対してのみであり、委託を受けた銀行等は、自金融機関の口座に関しては別途マイナンバーの提供を受ける必要があります。

2. 系列金融機関（証券子会社等）に提供済みであっても改めてマイナンバーの届出を行う必要がある

　以上のことから系列金融機関であってもマイナンバーに関しては別々に届出が必要です。
　この場合、系列金融機関に行った手続と同様の手続を行う必要があります。つまりマイナンバーの届出と本人確認手続です。これらは必ず行

う必要があります。

③　預金口座用にマイナンバーの提供を行わなければ、預金付番はされないのか？

1.　マイナンバーの届出を行わなくても、預金口座に顧客のマイナンバーが付番されることはあり得る

マイナンバーの届出を行わなくても、預貯金口座にその顧客のマイナンバーが付番されるケースがあり得ます。

全国銀行協会が預貯金付番の広報活動のために作成した「マイナンバーの届出にご協力ください リーフレット」に掲載された Q & A によれば、「Q5　すでに銀行にマイナンバーを届け出ているけど、改めて届け出る必要があるの？」という質問に対して、「投資信託などのお取引でマイナンバーを届出いただいたお客様であれば、改めてマイナンバーをお届けいただく必要はありません」と回答しています。

つまり、投資信託口座等に対して、既にマイナンバーを届け出ている場合にはそのマイナンバーの預貯金の付番にも利用するのです。

この際には、顧客からの同意は不要となっています。

つまり、このような場合、顧客の希望の有無に関わらずマイナンバーは預貯金口座に付番されることになるのです。

2.　マイナンバーは顧客からの届出が原則だが、利用目的の変更で預貯金付番にも利用可能

マイナンバーは顧客からの届出が原則です。また、マイナンバーを利用する際に定めた利用目的ごとにマイナンバーの届出が必要になります。

そのため、本来であれば、投資信託口座でのマイナンバーの届出と預貯金付番でのマイナンバーの届出は別々に行うはずです。

図表 4-1-3 届出済みのマイナンバーと預貯金付番

Q5 すでに銀行にマイナンバーを届け出ているけど、改めて届け出る必要があるの？

投資信託などのお取引でマイナンバーを届出いただいたお客さまであれば、改めてマイナンバーをお届けいただく必要はありません※。
ただし、以下のお取引については、改めてマイナンバーの届出をお願いすることがあります。
・投資信託などの住所変更
・法人定期預金　　　　　　　　　　　など

※ 銀行が法令にもとづいて、マイナンバーを預貯金にも利用できるよう利用目的を変更するため、基本的に、再度の届出は不要です。

出所：全国銀行協会「マイナンバーの届出にご協力ください リーフレット」
https://www.zenginkyo.or.jp/fileadmin/res/article/F/8188_leaflet_01.pdf

　ところが、マイナンバーの制度では、金融機関がインターネットや店先で通知・公表している「特定個人情報の利用目的」を変更することにより、既に取得したマイナンバーを変更後の利用目的の範囲内で利用することができるのです。
　マイナンバー制度を監督する行政機関である個人情報保護委員会のガイドラインに関するQ＆Aにおいても、

Q16-5　金融機関が、利用目的を「金融商品取引に関する支払調書作成事務」と特定し、顧客から個人番号の提供を受けていた場合、「預貯金口座への付番に関する事務」のためにその個人番号を利用するには、どのような対応が必要ですか。

第4章　顧客が抱く疑問・質問への対応策

> **A16-5**　個人番号の提供を受けた時点で利用目的として特定されていなかった「預貯金口座への付番に関する事務」のためにその個人番号を利用することは、特定した利用目的を超えて個人番号を利用することになりますので、当該事務のためにその個人番号を利用するには、利用目的を明示し、改めて個人番号の提供を受けるか、利用目的を変更して、変更された利用目的を本人に通知し、又は公表する必要があります。(平成29年7月追加)

とされています（https：//www.ppc.go.jp/legal/policy/answer/）。

これにより、各金融機関は利用目的の変更を通知・公表することで、投信口座等で既に取得したマイナンバーを預貯金付番で利用することができるようになります。

例えば、「マイナンバーの届出を行っていないのに、自分の預金口座に付番されている」という場合には、このように既に投信口座等で届け出ているマイナンバーが預貯金口座に付番されているのです。

仮にマイナンバーを届け出なくても、投信口座等の取引でマイナンバーを既に届け出ている場合には、預貯金口座に関してもマイナンバー

図表 4-1-4　投信口座でマイナンバー届出があれば預貯金口座に紐付け

171

が付番される、つまり金融機関が知り得ることになるのです。

④　預金口座の情報はすべて中身が筒抜けになるのか？

1.　金融機関も行政機関も限定された目的以外で利用できない

　預貯金に付番されたマイナンバーはあらかじめ定められた以下のような利用目的以外では、使われることはありません。
　①　預金保険機構等の名寄せに利用する場合
　②　行政機関の資力調査や税務調査に利用する場合
　また、例えば届け出たマイナンバー、さらにはそれと紐付いた口座情報が他の金融機関に渡ることはありません。そのような利用は法律で定められた目的外での利用となり、厳しい罰則の対象となります。
　そもそも、預貯金付番に伴うマイナンバーの届出は任意での届出であり、希望しなければ届出を断ることも可能であり、届け出なかったことによるペナルティ等もありません。

2.　行政機関の資力調査や税務調査はマイナンバー制度以前から可能

　ただし、本節②でマイナンバーが行政機関の資力調査や税務調査に利用されることとなっていますが、これらの調査はマイナンバー制度がスタートする前から実施されています。
　マイナンバー制度による預貯金付番がスタートしても、従来どおりの資力調査や税務調査も行われ、マイナンバーの届出がなかった場合は、マイナンバー以外の氏名や住所で預貯金口座の照会が行われることになります。
　すなわち、『マイナンバーの届出をしたから筒抜けになる』ということはありません。

第4章　顧客が抱く疑問・質問への対応策

図表 4-1-5　マイナンバーと税務調査・資力調査の関係

⑤　マイナンバーを登録すると口座情報が他の金融機関にも伝わるのか？

1．マイナンバーは番号法で定められた範囲外での第三者提供はできない

　マイナンバーは番号法で定められた範囲外での第三者提供はできません。

　金融機関は、例えば以下のような事務手続・相手先に対して、マイナンバーを提供することはできますが、それ以外の相手や範囲での提供は厳しく制限されています。
・金融商品取引に関わる支払調書等に顧客の個人番号を記載して税務署長に提出する場合
・預貯金付番に関わり、預金保険機構等の名寄せに利用する場合
・預貯金付番に関わり、行政機関の資力調査や税務調査に利用する場合

2. 届け出たマイナンバー・それと紐付いた口座情報が他の金融機関に渡ることはない

　以上のことから、届け出たマイナンバー、さらにはそれと紐付いた口座情報が他の金融機関に渡ることはありません。
　これは同じ系列の金融機関であっても同様です。
　個人情報保護委員会のガイドラインによれば、

> 　同じ系列の会社間等での特定個人情報の移動であっても、別の法人である以上、「提供」に当たり、提供制限に従うこととなるため留意が必要である。例えば、甲銀行と子会社である乙証券会社が同一の顧客と取引しており、その顧客から非公開情報の授受について書面による同意を得ている場合であっても、甲乙間で顧客の個人番号を提供又は共同利用してはならない

とされており、仮にそのような行為を金融機関職員が行った場合には、

図表 4-1-6　マイナンバーの第三者提供は厳禁

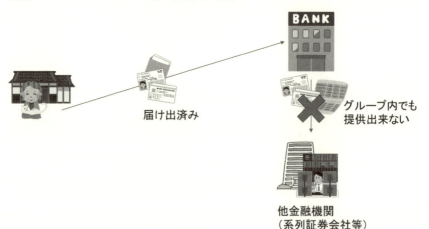

第4章　顧客が抱く疑問・質問への対応策

番号法の定める厳しい罰則の対象となります。

⑥　マイナンバーを届け出ると他の金融機関や税務署に資産残高が把握されるのか？

1.　マイナンバーを利用した他の金融機関による資産把握は不可

　マイナンバーの利用範囲は法律で厳しく制限されており、金融機関に届け出たマイナンバーは以下のような利用以外では利用は厳しく制限されています。

　　・金融商品取引に関わる支払調書等に顧客の個人番号を記載して税務署長に提出する場合
　　・預貯金付番に関わり、預金保険機構等の名寄せに利用する場合
　　・預貯金付番に関わり、行政機関の資力調査や税務調査に利用する場合

　マイナンバー並びにマイナンバーと紐付いた情報は、他の金融機関に提供することは目的外の第三者提供として禁じられており、その違反に対しては厳しい罰則が番号法で規定されています。

　このことから、マイナンバーを利用して他の金融機関に口座情報や資産情報を提供することはできません。

　以上のことから、マイナンバーを利用して、他の金融機関が資産把握を行うことはできません。

2.　税務調査でのマイナンバーでの照会は可能に

　一方、税務署等の行政機関は資力調査や税務調査の際に、対象者の照会に従来から行っている氏名・住所等に加え、マイナンバーでの照会が可能になります。

　ただし、従来から行われている氏名・住所等での照会も行われます。

175

つまり、仮にマイナンバーを届け出なくても税務署等の行政機関は従来どおりに税務署等の行政機関は調査を行うことができます。

税務署等の行政機関に資産残高を把握されないために、仮にマイナンバーを届け出なくても、税務署等の行政機関は従来と同様に氏名・住所等での照会を行い、その調査内容に従ってさらなる詳細を税務署等の行政機関が調査することは可能ということです。

⑦　海外に資産移管すれば資産は把握されないでしょうか？

1. 5,000万円超の国外財産を保有している場合はマイナンバー届出

日本の居住者が、5,000万円を超える「国外財産」を保有している場合には、「国外財産調書」を税務署へ提出する必要が生じます。この「国外財産調書」にはマイナンバーの記載が必要となりました。つまり、5,000万円を超える国外財産を保有している場合には、マイナンバーの届出が必要なのです。

マイナンバーの届出には、「本人確認」（身元確認書類による身元確認　通知カード等による番号確認）が必要になります。このため、本人確認を行った上でマイナンバーを届け出ることになります。

2. 国外送金や有価証券の海外への移管にもマイナンバー届出

同様に、「100万円超」の海外送金に関しては、その報告書に相当する「国外送金等に係る調書」を金融機関が税務署に提出する必要があります。この「国外送金等に係る調書」にはマイナンバーの記載が必要です。そのため、このような国外送金の際には、マイナンバーの届出が必要となります。

お金だけではありません。「国内証券口座」から「国外証券口座」に

第4章　顧客が抱く疑問・質問への対応策

有価証券（株や債券など）を移管する場合にも「国外証券移管等調書」が提出されますが、この調書にも同様にマイナンバーの届出が必要になります。

3. 2018年以降は外国との金融口座の情報交換がスタート

なお、日本を含むOECD加盟国やシンガポール・香港等は2018年末までに外国の居住者に係る金融口座情報の自動的交換を行う「共通報告基準（CRS）」制度の導入を行う予定です。

この制度に則って、日本では2017年1月以降新たに金融機関に口座開設を行う場合には税務上の居住地を記載した届出書の提出が必要となりました。

このCRS制度は、各国の金融当局がそれぞれに把握している外国人の金融口座の情報をお互いに交換する仕組みです。例えば、日本人がシンガポールに預金口座を保有した場合、その情報をシンガポール政府から日本政府に自動的に送られるようになります。これにより、海外資産

図表 4-1-7　CRS 制度の概要

平成27年度税制改正の解説（抜粋）「国際課税関係の改正」
http://www.mof.go.jp/tax_policy/tax_reform/outline/fy2015/explanation/pdf/p0615_0794.pdf

の捕捉がより確実にできるようになります。

　例えば日本の税務署が海外にある金融資産の情報を本人が日本で申告している以外でも把握できるようになるのです。これらの国々では口座開設の際に身元確認を行っていますので、口座保有者が簡単に把握できるのです。

　今後はこれらの制度とマイナンバーが組み合わさって、より正確な補足が行えるようになると考えられます。

第4章　顧客が抱く疑問・質問への対応策

⑧　マイナンバーが目的外に流用されることはないのか？

1.　一定の場合を除き他人への提供は禁止

　マイナンバーは、従業員の情報であろうと、顧客の情報であろうと関係なく、従来の顧客情報並みかそれ以上の扱いをすべて関連する書類に対して行うことが求められることとなります。

　そのため、むやみに他人に提供することは、民間であれ行政であれ、できないことになっています。そして、違反者は処罰の対象になります。

2.　知らなかったではすまされない

　厳しい罰則を含めた管理を行うことでマイナンバーの安全は保たれます。

　逆に言えば、皆さんも決して「マイナンバーを流用」しないように心がけましょう。処罰の対象になります。

　「知らなかった」、「わからなかった」では、これからの社会は済まされないこととなります。

3.　分散管理

　「そうは言っても国がこっそり流用するのでは」ということを考える人もいるかもしれません。その点に関しても心配は無用です。

　行政の管理するマイナンバー関連情報は、「一元管理」という管理方法ではなく、「分散管理」という管理方法で管理されています。「一元管理」とは、大きな一つの集団においてマイナンバーを管理し、すべての情報が瞬時に番号情報だけで引き出せる管理方法です。一方、「分散管理」では、番号情報だけで何かを引き出そうとしても、芋づる式には情報を引き出すことができない仕組みになっています。

179

図表 4-1-8　マイナンバーの目的外利用は処罰対象

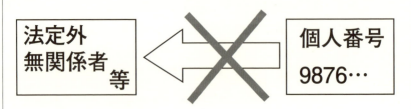

・マイナンバーは、社会保障、税、災害対策の手続のために、国や地方公共団体、勤務先、金融機関、年金・医療保険者などに提供します。

・他人のマイナンバーを不正に入手することや、他人のマイナンバーを取り扱う者がマイナンバーや個人の秘密が記録された個人情報ファイルを不当に提供することは、処罰の対象となります。

内閣官房「番号制度導入によるメリット」より作成
http://www.cas.go.jp/jp/seisaku/bangoseido/pdf/250301merit.pdf

　例えば、行政機関等が皆さんの情報を、すべて一元的に管理・把握して監視することはあらかじめできない仕掛けになっているのです。
　このようにマイナンバーは流用などの心配なく安心して利用できるようになっています。

第 4 章　顧客が抱く疑問・質問への対応策

図表 4-1-9　マイナンバー制度における情報分散管理

× 番号制度が導入されることで、各行政機関等が保有している個人情報を特定の機関に集約し、その集約した個人情報を各行政機関が閲覧することができる『一元管理』の方法をとるものではない。

〇 番号制度が導入されても、従来どおり個人情報は各行政機関等が保有し、他の機関の個人情報が必要となった場合には、番号法別表第二で定められるものに限り、情報提供ネットワークシステムを使用して、情報の照会・提供を行うことができる『分散管理』の方法をとるものである。

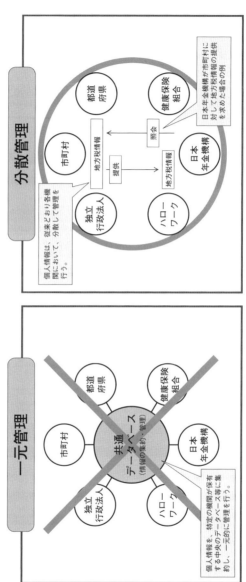

出所：内閣官房「(2017 年 7 月発行) マイナンバー・社会保障・税番号制度　概要資料」
http://www.cao.go.jp/bangouseido/pdf/seidogaiyou_2907.pdf

181

⑨　金融機関がマイナンバーを漏えいした場合はどうなるのか？

1. 速やかに監督当局に報告し被害を最小限に食い止める措置を取る

　金融機関は、しっかりとした漏えい対策を行いますが、他の個人情報と同様に完全に漏えいを防ぐことはできません。仮に金融機関によるミス等でマイナンバーが漏えいした場合には、どのような対応を取るのでしょうか。

　金融機関からマイナンバーを含む特定個人情報の漏えい等が発生した場合、ただちにマイナンバーの安全管理を監督する個人情報保護委員会や監督当局である金融庁または財務（支）局へ報告します。

　これにより、漏えいしたマイナンバー等が悪用される等の被害を最小限に食い止めるための対策が取られるようになります。

　この報告は必ず行うことが求められていますので、漏えいが判明しても放置するといったことは起こらないといえます。

2. 漏えいの2次被害が起きない仕組みが準備されている

　また、マイナンバーは仮に漏えいしてもその漏えいしたマイナンバーで不正に手続がされる等の二次被害を防ぐ仕組みがあらかじめ用意されています。

　例えば、マイナンバー制度では個人情報を一元管理することは行わず、分散での管理となっています。これにより、仮にマイナンバーが漏えいしてもそのマイナンバーを使って個人情報が全て漏えいするといった事態を防げるようになっています。

182

3. 漏えいした番号は変更できる

　仮にマイナンバーが漏えいした場合には、漏えいしたマイナンバーを変更することも可能です。

　マイナンバー制度の政府サイトにある「マイナンバー（個人番号）に関する質問」（http：//www.cao.go.jp/bangouseido/faq/index.html）によれば、

内閣官房FAQ

> （2）マイナンバー（個人番号）に関する質問
> **Q2-4**　マイナンバーは希望すれば自由に変更することができますか？
>
> **A2-4**　マイナンバーは原則として生涯同じ番号を使い続けていただき、自由に変更することはできません。ただし、マイナンバーが漏えいして不正に用いられるおそれがあると認められる場合に限り、本人の申請又は市町村長の職権により変更することができます。（2014年6月回答）

とあり、漏えいが起きた場合にはマイナンバーを変更することができます。

　また、マイナンバーを変更した場合には以前のマイナンバーは無効となり利用できませんので、漏えいしたマイナンバーを不正利用して手続を行うことはできなくなります。

⑩ マイナンバーについての問合せ窓口は？

1. マイナンバーに関する情報サイト

　マイナンバーに関する情報を広く知ってもらうためのサイト「マイナンバー（社会保障・税番号制度）」（http://www.cas.go.jp/bangouseido/index.html）では、国民が疑問に思うであろう事柄をわかりやすくまとめています。

　このサイトからは、個人情報保護委員会、国税庁、厚生労働省などの各省庁のマイナンバー関連サイトへのリンクも張られています。

　また、マイナンバーの簡単な質問に関しては、マイナンバー・総合フリーダイヤル（☎ 0120-95-0178）に電話すれば回答を得ることも可能です。

　これらを上手に利用してマイナンバー制度を正しく理解しましょう。

2. 漏えい、不正利用の場合は市区町村が窓口

　また、マイナンバーに関しては盗まれたり悪用されたりした場合には直ちに対応が必要です。例えば、万が一、顧客やあなたのマイナンバーが漏えいし、不正利用される恐れがあった際には、最寄の市区町村が、窓口となりますので相談してください。

　適切な指示を仰ぎ、正しい番号の管理を、職場の部門まかせではなく、ユーザーサイドである私たちも行うようにしていく必要があります。

第4章　顧客が抱く疑問・質問への対応策

2 法人顧客が抱く疑問・質問

① マイナンバー制度は企業経営に大きな影響を与えるのか？

1. マイナンバーが影響する場面

マイナンバーは、これからの企業経営に大きく影響を与えます。

ざっと洗い出しをしてみましたので、次の項目をチェックしてみましょう。これからは企業はこれだけの対応を行わなくてはなりません。

・全従業員および家族（金融機関は顧客も）の番号収集・管理が必要になります。

・従業員にマイナンバーを申告してもらう際の本人確認の手続きが必要となります。

・個人番号（マイナンバー）は、プライバシー保護の規制があり、厳しく重い罰則が科されます。

・例えば、給与厚生関連業務について以下の対策が必要となります。

　○社会保障・税分野代行事務手続の手順のマイナンバーへの対応

　○退職者等の不要となった情報の法定期限を過ぎたデータや書類の廃棄

　○社則、就業規則の修正（マイナンバーの利用目的明示のため）

　○従業員に向けたマイナンバーの啓もう活動、および送付されてくる世帯分の通知カードの保管を従業員に向けて、周知徹底

　○マイナンバー申告の際の本人確認の書類について確認を行い、提

185

図表 4-2-1 民間企業における個人番号（マイナンバー）の利用場面

社会保障分野

○個人番号関係事務実施者としてのもの
→健康保険、雇用保険、年金などの書面に、従業員等の個人番号（マイナンバー）を記載。

主な提出書類の例	提出者	提出先	根拠条文
雇用保険被保険者資格取得届	適用事業所の事業主	ハローワーク	雇用保険法施行規則第 6 条
雇用保険被保険者資格喪失届	適用事業所の事業主	ハローワーク	雇用保険法施行規則第 7 条
健康保険・厚生年金保険被保険者資格取得届	適用事業所の事業主	健康保険組合・日本年金機構	健康保険法施行規則第 24 条 厚生年金保険法施行規則第 15 条
健康保険・厚生年金保険被保険者資格喪失届	適用事業所の事業主	健康保険組合・日本年金機構	健康保険法施行規則第 29 条 厚生年金保険法施行規則第 22 条

税分野

○個人番号関係事務実施者としてのもの
→税務署に提出する法定調書に、従業員や株主等の個人番号（マイナンバー）を記載。

※一般の民間企業（非金融機関）の場合

法定調書	提出者	根拠条文（所得税法）
給与所得の源泉徴収票	給与の支払をする者	第 226 条第 1 項
退職所得の源泉徴収票	退職手当等の支払をする者	第 226 条第 2 項
報酬、料金、契約金又は賞金の支払調書	報酬、料金、契約金又は賞金の支払をする者	第 225 条第 1 項第 3 号
配当、剰余金の分配及び基金利息の支払調書	利益の配当、剰余金の分配又は基金利息の支払をする法人	第 225 条第 1 項第 2 号
不動産の使用料等の支払調書	不動産等の使用料等の支払をする法人及び不動産業者である個人	第 225 条第 1 項第 9 号
不動産等の譲受けの対価の支払調書	居住者又は内国法人に対し譲渡対価の支払をする法人及び不動産業者である個人	第 225 条第 1 項第 9 号

出所：内閣官房社会保障改革担当室「番号制度の概要」

第４章　顧客が抱く疑問・質問への対応策

出できない従業員の対応についての検討

・給与厚生関連業務以外にも影響があります（不動産使用料の支払調書など）。そのため、人事・総務部門以外でも、マイナンバーに関わる業務対応が必要です。

・給与・厚生・総務等関連システムのマイナンバー対応

・転籍・出向時のマイナンバーの取扱いにも配慮が必要です。

・グループ会社への配慮も必要です（全体としての網羅的対応）。

なお、マイナンバー制度はこれからも続きます。このため、継続的対応が求められます。

2. マイナンバーを正しく取り扱えないと大きなリスクに直面する

企業は、

①　送付されてくるマイナンバーを従業員に申告してもらい、

②　情報漏えいのないように、管理していく堅固な業務・システム構築を行い、

③　従業員に対して、社内の研修セミナーの一環として取り入れる等、啓もう活動を行う、

といったことが、すべての従業員が関与する形で求められます。

マイナンバーは、正しく使ってこそ意味があります。

逆に言えば、マイナンバーを正しく取り扱えない企業は、大きなリスクに直面する可能性があります。場合によっては、従業員や企業が罰則の対象になります。繰り返しになりますが、すべての従業員がマイナンバー制度の当事者になります。制度に関する不安を払しょくし、従業員が理解し、納得できる環境が必要です。そして、この対応を今後継続して行うことが求められます。

このように、マイナンバー制度は企業経営に対して大きな影響力を及

187

図表 4-2-2 番号取得から関連システム構築までの対応

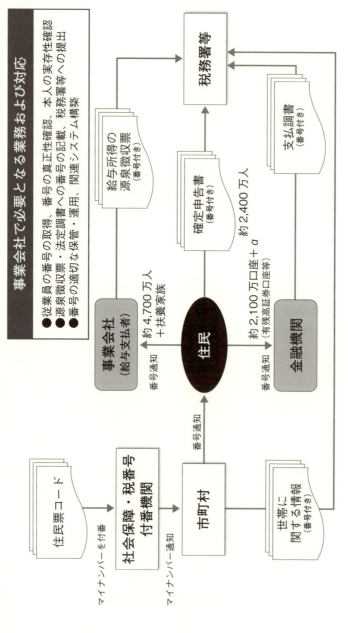

第4章　顧客が抱く疑問・質問への対応策

ぼします。

②　法人は従業員・扶養家族のマイナンバーを取得しなければならないのか？

1. 自社が給与支払者である場合、自社での対応が必要

　マイナンバー制度では、社会保障や税の手続でマイナンバーを利用することになります。具体的には各種の調書や申告書等に対象者のマイナンバーを記載して提出することが求められます。

　したがって、企業は従業員などのマイナンバーを記載した調書等を提出するために、それらの人の個人番号を把握・利用する必要があります。

　しかし、個人番号は第三者提供が原則としてできません。例えば、各従業員のマイナンバーを行政機関等から入手することはできません。そのため、従業員等の本人から提供してもらう必要があります。

2. 扶養親族の番号取得

　企業には、いろいろな雇用形態の従業員がいますが、雇用に際しては、企業は、必ずマイナンバーの取得が必要となります。またそのマイナンバーの取得に際し、必ず「本人確認手続」が必要となります。制度導入時は、すでに雇用されている全従業員に対して「番号取得」と同時に「本人確認手続」が必要となります。

　従業員本人とともにその扶養親族に関しても、調書や申告書にマイナンバーを記載します。このため、企業は従業員だけではなく扶養親族のマイナンバーも取得することが必要です（第1章4.⑦参照）。

　また、人事・総務は従業員本人に関して多数の社会保障・税関連の手続きを行っています。これらの中で番号の対応が必要な手続では、従業員本人からマイナンバーを提供してもらうだけではなく扶養家族に関連

189

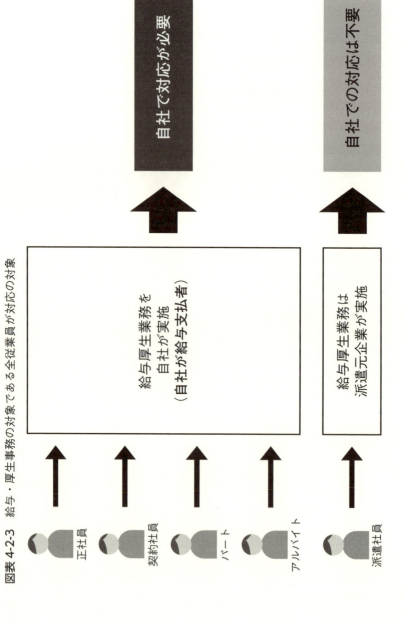

図表 4-2-3 給与・厚生事務の対象である全従業員が対応の対象

第 4 章　顧客が抱く疑問・質問への対応策

する手続も、例えば家族構成が変わった場合等に手続が発生します。

3.　今後は継続してマイナンバーへの対応が必要

　番号申告と本人確認を全社員に行うことは非常に手間がかかります。
これから、マイナンバーにどう対応しようかと検討すれば、事務負担と
その影響の大きさがわかるものと思います。

　また、マイナンバー対応は今後継続して必要となります。

　制度開始直後だけではなく、持続的な対応が求められます。

内閣官房 FAQ

（4）民間事業者における取扱いに関する質問　4-3　本人確認
Q4-3-4　代理人から本人のマイナンバーの提供を受ける場合は、どの
ように本人確認を行うのですか？
A4-3-4　代理人からマイナンバーの提供を受ける場合は、（1）代理権、
（2）代理人の身元、（3）本人の番号の 3 つを確認する必要があります。
原則として、
（1）　代理権の確認は、法定代理人の場合は戸籍謄本など、任意代理人
　　　の場合は委任状
（2）　代理人の身元の確認は、代理人のマイナンバーカード、運転免許
　　　証など
（3）　本人の番号確認は、本人のマイナンバーカード、通知カード、マ
　　　イナンバーの記載された住民票の写しなど
で確認を行いますが、これらの方法が困難な場合は、他の方法も認めら
れます。以下略（2014 年 7 月回答）

191

③　すべての事業者は「個人番号関係事務実施者」、「個人番号取扱事業者」なのか？

1.　個人番号関係事務実施者であり個人番号取扱事業者

　すべての事業者は従業員等の社会保険や税関連の業務のためにマイナンバーを取り扱うことが必要になります。このため、「個人番号関係事務実施者」となります。

　また、番号法においては、「特定個人情報ファイルを事業の用に供している個人番号利用事務等実施者であって、国の機関、地方公共団体の機関、独立行政法人等および地方独立行政法人以外のもの」を「特定個人番号取扱事業者」としています（番号法31条）。そこで個人番号利用事務等実施者である企業は「個人番号取扱事業者」ともなります。

2.　個人情報保護法をカバー

　このような二重の定義が規定されているのには以下のような理由があると思われます。

　特定個人情報は個人情報の一種であり、企業が個人情報保護法に定める個人情報取扱事業者である場合には、特定個人情報に関しても個人情報取扱事業者として安全管理等の義務を負うことになります。

　ところが、個人情報の場合は従来は5,000件以上の管理の場合にかぎり「個人情報取扱事業者」として義務が発生していました。企業の規模等によっては個人情報取扱事業者に該当せず、その場合には個人情報保護法に定める個人情報取扱事業者として安全管理等の義務が課せられず、特定個人情報に関する保護が不十分となる恐れがあったのです。

　そこで、個人情報取扱事業者ではない企業の保有する特定個人情報を保護するために、「個人番号取扱事業者」を新たに定め、「個人情報取扱

第4章 顧客が抱く疑問・質問への対応策

図表 4-2-4　雇用と情報管理におけるマイナンバー業務
■個人番号を含む個人情報（特定個人情報）の厳格な情報管理が必要

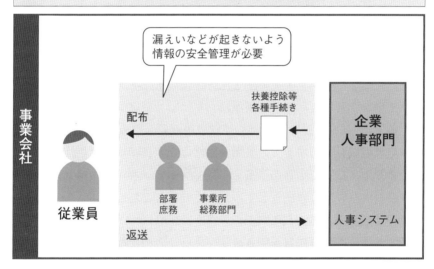

事業者でない個人番号取扱事業者」にも情報保護に関する義務を課すことで、特定個人情報の保護を行えるよう定めたと考えられます。

　番号法の32条から34条において、「個人情報取扱事業者でない個人

番号取扱事業者」に関して、

① 保有する特定個人情報の保護
② 特定個人情報の安全管理措置
③ 上記安全管理に関する従業者の監督

が定められており、このような仕組みで、企業の位置づけにかかわらず網羅的に特定個人情報を保護するための仕組みを作っていると考えられるのです。

つまり、マイナンバーに関しては、例えば、特定個人情報を1件でも取得した場合には、その義務が発生することとなります。一人でも従業員を抱える企業は、今後、マイナンバーが導入されることによって、徹底した情報管理が求められてきます。

なお、2015年の改正個人情報保護法により、今まで義務が課せられていなかった5,000件以下の管理を行っている事業者も個人情報取扱事業者に該当することとなりました。

3. 従業員に対しても顧客情報並みかそれ以上の安全管理が必要

マイナンバーが入っている書類は、すべて「特定個人情報」になります。例えば、「扶養控除申告書」、「源泉徴収票」、「支払調書」、「被保険者資格取得届」等、すべての書類に厳格な安全管理が要求されます。

今までは、扶養控除等申告書を一斉に配って、各自が「担当者の机の上」に提出し、回収作業としていたとすれば、これからは、その一つひとつの手順に対して、「誰が誰にいつ渡したか」という安全管理体制を構築することが必要になってきます。もし、この状態を徹底できていなかったために情報が漏えいしてしまった場合には、「特定個人情報」の安全管理に不備があったとみなされることとなります。

つまり、従来の顧客情報並みかそれ以上の扱いを、これからは全従業員の書類に関しても行うことが求められるのです。

194

第４章　顧客が抱く疑問・質問への対応策

図表4-2-5　民間企業における番号の利用例

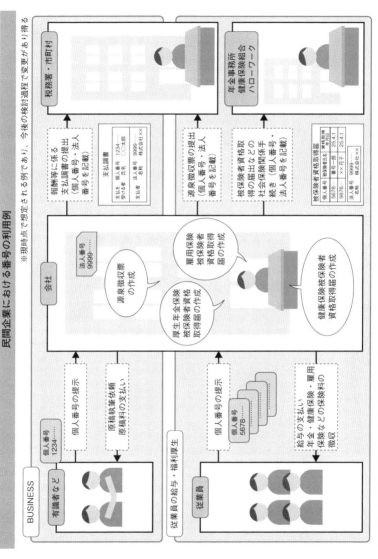

(出所）内閣官房社会保障改革担当室「番号制度の概要」

図表 4-2-6 番号法における個人情報保護の仕組み

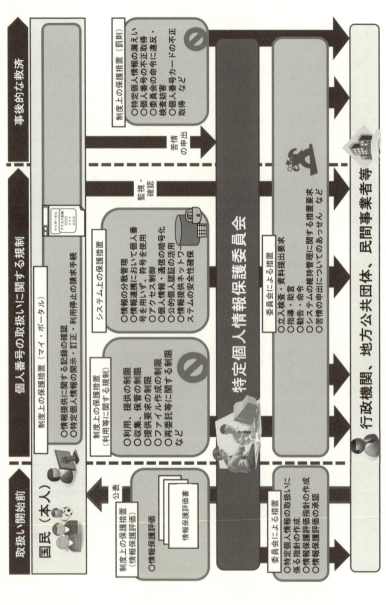

出所：内閣官房「個人情報保護の仕組み」

第4章　顧客が抱く疑問・質問への対応策

④　法人のマイナンバー利用・管理に関する制約および罰則とは？

1.　特定個人情報ガイドラインとマイナンバーの取扱い

　番号法は特定個人情報（個人番号を含む個人情報。個人番号そのものも含みます）について厳格な安全管理を求めています。つまり、マイナンバーの取扱いに関しては、安全管理に関して細心の注意を払うことが事業者に求められます。

　2014年12月に個人情報保護委員会（マイナンバーの安全管理に関して専門に監督監視を行う組織）が「特定個人情報の適正な取扱いに関するガイドライン（事業者編）」を公表しました。事業者はこの特定個人情報ガイドラインの規定に従った各種の対応が必要です。

　特定個人情報ガイドラインには、以下のようにその取扱いが明記されています。

　①　事業者の位置づけ

　②　番号法で定められた業務における取得・利用・提供・保管・廃棄に関して

　③　目的外での取得・利用・保管の禁止に関して

　④　その他の業務での取扱い（業務委託の扱い等）

　⑤　安全管理措置

　すべての企業は特定個人情報ガイドラインに沿った業務対応が求められます。

2.　厳しい罰則規定

　番号法においては、厳格な安全管理に加えて、情報管理に関する刑事罰を含む厳しい罰則も整備されています（第2章1.　⑦参照）。

197

例えば、

①　個人番号利用事務等に従事する者が、正当な理由なく、特定個人情報ファイルを提供した場合は、4年以下の懲役もしくは200万円以下の罰金（番号法67条）

②　個人番号利用事務等に従事する者が、不正な利益を図る目的で、個人番号を提供又は盗用した場合は、3年以下の懲役もしくは150万円以下の罰金（番号法68条）

といったように、マイナンバーの故意の漏えいに関しては非常に厳しい罰則を科しています。

また、番号法77条によって、上記違反に関しては、行為者を罰するほか、その法人または個人に対しても、各本条の罰金刑を科する、とされています。

つまり、仮に企業の従業員が上記の違反行為を行った場合には、従業員の所属する企業自体も罰金刑の対象になります。つまり、単に漏えいの当事者だけではなく企業自体も罰則の対象になるのです。

内閣官房 FAQ

（5）個人情報の保護に関する質問

Q5-7　マイナンバー法と個人情報保護法は、どのような関係になるのですか？

A5-7　特定個人情報も個人情報の一部なので、原則として個人情報保護法が適用されます。さらに特定個人情報は、マイナンバーによって名寄せなどが行われるリスクがあることから、個人情報保護法よりも厳しい保護措置をマイナンバー法で上乗せしています。（2017年11月回答）

第4章　顧客が抱く疑問・質問への対応策

⑤　従業員の雇用・異動・退職時にもマイナンバー関連の手続が必要か？

　企業の給与厚生業務の中で、雇用・異動・退職時等においてもマイナンバー関連の手続が必要です。

　以下にそれぞれの影響をご紹介します。

1.　雇用

　入社対象者から本人並びに扶養家族の番号申告を受け付ける必要があります。その際に、従業員の本人確認も併せて行う必要があります。そのうえで、関連帳票、例えば健康保険の資格関連の帳票にも番号の記載が必要になります。

2.　身上関係変更

　扶養家族の変更があった場合には、それに伴う関連帳票にもマイナンバーの記載が必要となります。その際に、出生・結婚などで新たに扶養家族が増える場合にはその対象者の番号申告手続を、離婚などにより扶養家族が減少する場合にはその対象者に関する個人番号情報の廃棄等の対応が必要となります。

3.　異動

　異動に伴う勤務地変更に際して、例えば地方税や社会保険関連の届出を行う場合があります。これらの手続でマイナンバーを記載する帳票がありますので、それらの作成が必要です。なお、その際には改めて個人番号を申告しなくても社内での転記などによる対応も可能と考えられます。

199

4. 退職

退職に際して、税や社会保険等の手続においてマイナンバー記載の帳票の作成が必要となります。また、その対象者の個人番号関連の情報に関しては、法定の所定期間保管後は番号記載のある書類・帳簿については可及的速やかな廃棄が必要となります。

図表 4-2-7 従業員のマイナンバー取扱いの流れ

個人番号の流れ	利用場面の例	対象業務の例
取得（本人・扶養家族）	入社	納税手続
安全管理措置	身上関係変更 （結婚、 被扶養者追加等）	年末調整、 源泉徴収 等
保管		
利用	休職・復職	社会保険 関係手続
提供	組織異動 （分社・出向等）	雇用保険、 健康保険、 厚生年金保険 等
開示・訂正・利用停止	証明書発行	
廃棄	退社	

出所：内閣官房 「事業者向けマイナンバー広報資料」
http://www.cas.go.jp/jp/seisaku/bangoseido/pdf/koho_h2702.pdf

200

第4章　顧客が抱く疑問・質問への対応策

⑥　「法人番号」はどのような局面で活用されますか？

1．制約の少ない法人番号

　法人番号はすべての法人に付番される番号です。個人番号と異なり、法人番号はプライバシー保護等の対応が不要です。このため、個人番号よりも実際の利活用に際しての制約は非常に少なくなっており、法人間の取引等で自由に取り扱うことが可能となります。

2．今後の法人番号の利用・活用方法

　政府は法人番号を民間で広く活用して欲しいとしております。利活用促進のため、さまざまなサービスの提供がはじまりました。

　例えば経済産業者が提供する「法人インフォ」（hojin-info.go.jp/hojin/TopPage）では法人番号や法人名から企業等の活動情報が検索できます。

　図表4-2-9は今後どのように法人番号の利用や活用を進めていくかをまとめたものです。

　例えば、

・法人情報の検索サービス（名称・所在地等）

・行政への届出や企業間取引での法人番号の活用による事務効率化

・法人番号を活用した各種行政手続のワンストップ化

等が検討されています。

201

図表 4-2-8　法人番号をキーにした情報検索サービス

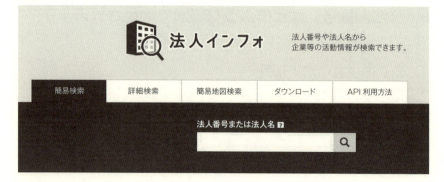

当サイトの情報について
当サイトでは、法人が政府より受けた補助金や表彰、許認可等の法人活動情報を掲載しています。
ただし、政府の実施事業であっても、業務執行主体が政府と異なる都道府県等の事業の情報は、現在、掲載していません。
今後、システム更新時に法人活動情報のデータ構造を変更することがあります。
変更する場合は、お知らせ情報でご連絡致します。ご了承ください。

第4章 顧客が抱く疑問・質問への対応策

図表 4-2-9 法人番号活用のイメージ

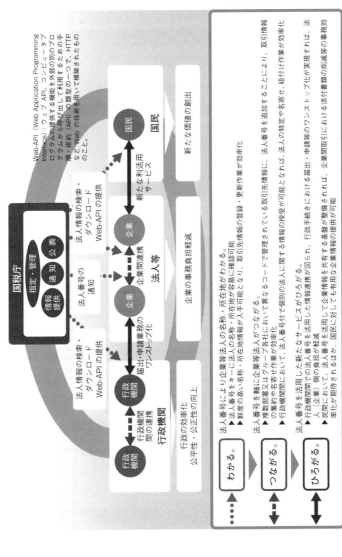

出所：内閣官房「事業者向けマイナンバー広報資料」
http://www.cas.go.jp/jp/seisaku/bangoseido/pdf/koho_h2702.pdf

⑦　法人の場合もマイナンバーの届出は任意か？

1.　法人預金も原則個人同様に任意付番

　法人名義の預金口座も個人名義の口座と同様に任意付番であり、法人として届出を希望しない場合は、法人番号を届け出る必要はありません。

　仮に届出を行わなくても、何もペナルティはありませんので、法人としての判断で届出を行うか否かを決定することができます。

　なお、仮に法人番号を届け出なくても、例えば既に他の取引で法人番号を届け出ている場合等のように、法人口座に法人番号が付番される場合があります。

2.　定期預金や海外送金等の届出は義務

　ただし、例えば以下のような取引を法人名義で行っている場合、法人番号の届出が必ず必要です。

①　海外送金
②　投資信託等の有価証券取引
③　定期預金・通知預金
④　信託取引　等

　これらの取引は従来から法人番号の届出が必要であり、今回の番号法改正でも変更はありません。

　これら取引を行う際には、必ず法人番号を届け出るようにして下さい。

　なおこれらの届出を行った場合は、同じ法人の法人口座に対し、預金付番としての番号届出を行わなくても、法人番号は紐付けられます。これは、個人預金口座の場合と同様ですので、その旨、顧客である法人にも説明を行うことが望ましいでしょう。

〈著者略歴〉

梅屋真一郎（うめや・しんいちろう）

　東京大学工学部卒業、同大学院工学系研究科履修。野村総合研究所入社。投資信託窓販や確定拠出年金等の制度調査・業務設計や金融機関の各種新規事業企画業務等に携わる。現在野村総合研究所未来創発センター制度戦略研究室長。特に番号制度に関しては、企業実務の観点からの影響度分析や業務手順案作成等に従事し、関係省庁や関連団体等との共同検討を多数実施。標準業務手順案や留意点等の制度詳細情報を情報発信するとともに、政府IT総合戦略本部マイナンバー等分科会構成員として制度検討に参画。各種専門誌などの執筆多数。

マイナンバー利用本格化で変わる金融取引　　〈検印省略〉

2018年1月31日　初版発行
　　1刷　2018年1月31日

著　　者	梅屋真一郎
発行者	土師清次郎
発行所	株式会社 銀行研修社

東京都豊島区北大塚3丁目10番5号
電話　東京03(3949)4101（代表）
振替　00120-4-8604番
郵便番号　〒170-8640

印刷／株式会社木元省美堂
製本／山田製本紙工所
落丁・乱丁本はおとりかえ致します。ISBN978-4-7657-4562-8 C2032
2018 ©梅屋真一郎 Printed in Japan　無断複写複製を禁じます。
　　　　★ 定価は表紙に表示してあります。

謹告　本書掲載記事の全部または一部の複写、複製、転記載および磁気または光記録媒体への入力等は法律で禁じられています。これらの許諾については弊社・秘書室（TEL03-3949-4150直通）までご照会下さい。

銀行研修社の好評図書ご案内

ベテラン融資マンの事業性評価

寺岡 雅顕／樽谷 祐一／加藤 元弘 著

A5判・並製・160頁
定価：1,574円＋税
ISBN978-4-7657-4559-8

本書は、「事業を理解することで良質な融資を積み上げ、地域経済に貢献する」という本来の目的に沿う事業性評価（理解）とはどのように行うものなのか、長年金融機関の融資現場で活躍してきた著者が詳しく解説した、融資取引に携わる全担当者にとっての必読書です。

事業性評価につながる ベテラン融資マンの渉外術

寺岡 雅顕／椙野 哲彦／樽谷 祐一 共著

A5判・並製・240頁
定価：2,130円＋税
ISBN978-4-7657-4541-3

渉外活動に求められる「基礎」「決算書速読」「訪問時の観察」「課題把握」等の実務のすべてを学ぶことができます。元大手地銀融資渉外のベテランが、事業性評価に向けた渉外活動を実現するためのノウハウを分かりやすく記述した1冊です。

融資のイロハを分かり やすく手ほどき ベテラン融資マンの知恵袋

寺岡 雅顕 著

A5判・並製・256頁
定価：2,200円＋税
ISBN978-4-7657-4422-5

本書は、永年地域金融機関の融資の第一線で活躍してきた"ベテラン融資マン"が、初めて融資に携わる方を対象に、「これさえ読めばとりあえず融資の実務で困らない」基礎知識を易しく解説した、融資の入門書としての決定版です。

企 業 観 相 術

依馬 安邦 著

A5判・並製・208頁
定価：1,809円＋税
ISBN978-4-7657-4272-6

財務データや書類だけにとらわれず、担当者自身の五感を活用することによって企業の真の姿を見極め、的確な信用判定につなぐ力が身につく、融資担当者必携の書です。

事例にみる 融資ネタ発見の着眼点

林 弘明／石田 泰一 著

A5判・並製・164頁
定価：1,759円＋税
ISBN978-4-7657-4449-2

現在の資金需要不足の環境における担当者の経験不足に鑑み、長年実務に携わった融資のプロが手掛けた案件をパターン化し、ケーススタディで解説しました。本書により、案件化の実践手法が身に付き、パターンの応用で融資セールスの実績向上が狙えます。

第二版 保証協会保証付融資取扱Q＆A

全国信用保証協会連合会 編著

A5判・並製・304頁
定価：2,222円＋税
ISBN978-4-7657-4531-4

基本的な信用保証制度の内容、実務上押さえるべき必須事項をQ＆A式で1冊に集大成しました。初版刊行より改定された保証制度・新保証制度等を網羅した、営業店融資・渉外担当者の実務必携書です。

第五版 貸出稟議書の作り方と見方

銀行研修社 編

A5判・並製・248頁
定価：2,200円＋税
ISBN978-4-7657-4365-5

①貸出案件の採上げから貸出実行まで実務処理に即しての留意点、②稟議項目および稟議書付属書類の具体的作成方法、③稟議書の実際例から「良い稟議書」の記述方法、④貸出稟議書を通じて的確に判断できる「技」と「眼」を養成する記載内容のチェック方法等について、基礎から実践レベルまでの内容を解説した基本書です。

第十一版 決算書読破術

齋藤 幸司 著

A5判・並製・268頁
定価：2,190円＋税
ISBN978-4-7657-4234-4

本書は、多数の企業の決算処理を受け持っている著者が、決算書を素材に具体例を挙げ、易しく解説した1冊です。研修テキストや初心者の入門書・ベテランの復習におすすめです。

▶最寄の書店で品切れの際は、小社へ直接お申込みください。

銀行研修社の好評図書ご案内

第二版 融資業務超入門
久田 友彦 著

A5判・並製・276頁
定価：2,095円＋税
ISBN978-4-7657-4268-9

本書は融資業務の最も重要な点を、最も平易に解説した、まさしく"超"入門書です。融資・渉外の初心者はもちろん、役席・中堅クラスには指導手引書として欠かせない1冊です。

第二版 中小企業財務の見方超入門
久田 友彦 著

A5判・並製・278頁
定価：2,000円＋税
ISBN978-4-7657-4240-5

本書は金融機関の渉外担当者が"まず、知っておかなければならない"中小企業の財務の見方のノウハウを示した基本書です。

第三版 融資業務180基礎知識
融資業務研究会 編

A5判・並製・352頁
定価：2,300円＋税
ISBN978-4-7657-4339-6

本書は、融資業務の遂行にあたって必要な必須知識を融資の5原則から与信判断、貸付実行、事後管理に至るまで体系的にまとめ、渉外・融資担当者が必要なときに即検索できるよう項目ごとに編集しました。特に初めて融資業務に携わる方には必携といえる1冊です。

融資担当者のキャリアアップのための 融資審査演習教本
石原 泰弘 編著

B5判・並製・232頁
定価：2,300円＋税
ISBN978-4-7657-4330-3

本書は、融資申込から与信判断までの事例を取り上げ、実践的な審査の応用力を身に付けることができます。融資担当者、役席者の融資判断パワーアップ養成に最適な書です。

第二版 最新 図版・イラストでみる決算書分析ABC
新日本監査法人 著

A5判・並製・304頁
定価：2,095円＋税
ISBN978-4-7657-4237-5

決算書の勘定科目数字は企業の財務状況のほか、企業自体の業況を表しています。本書は、決算書がまったくわからない初心者にもすぐ活用できるように、100の勘定科目のしくみと見方を解説し、決算書分析の勘どころをまとめました。

第二版 最新 図版・イラストでみる財務分析ABC
和井内 清著／山坂 サダオ 絵

A5判・並製・304頁
定価：2,000円＋税
ISBN978-4-7657-4120-6

与信判断に欠かせない財務分析の比率や算式を体系的に学習できるよう構成した基本書です。「最新版」への改訂では、企業の実態判断をする際に特に重要になっている「キャッシュフロー分析」に関する財務諸表につき新章を設けて詳しく解説しました。これからの財務分析能力習得のための決定版として、お勧めいたします。

第二版 図解 超わかるキャッシュフロー
都井 清史 著

A5判・並製・224頁
定価：1,900円＋税
ISBN978-4-7657-4310-5

本書は、初版同様、図表をふんだんに用い、キャッシュ・フローをはじめて学ぶ人を対象にわかりやすくまとめた、格好の入門書です。

融資渉外に強くなる法律知識
大平 正 編著

A5判・並製・320頁
定価：2,300円＋税
ISBN978-4-7657-4380-8

融資を増やし、融資後の債権管理を的確に行うには、融資に関する法律知識を習得することが必須です。本書は、取引先から信頼される担当者となるために必要な法律知識を、簡単に検索できるよう項目別に整理しやすく解説した、融資渉外担当者の基本必携書です。

▶最寄の書店で品切れの際は、小社へ直接お申込ください。

銀行研修社の好評図書ご案内

民法改正と金融実務Q＆A

岩田合同法律事務所 編著

A5判・並製・208頁
定価：1,759円＋税
ISBN978-4-7657-4553-6

民法の大改正について金融実務のジャンル別に変更点を解説しているので、実際に携わっている業務への影響を理解するのに役立ちます。営業店担当者向けに改正ポイントをQ＆Aでまとめた実務参考書です。

女性営業渉外の育成法

三菱ＵＦＪリサーチ＆コンサルティング㈱ 川井 栄一／植月 彩織 著

A5判・並製・160頁
定価：1,574円＋税
ISBN978-4-7657-4552-9

支店長研修・女性行職員研修等を行う著者が、実際に研修会の場で拾い集めた「女性部下育成の悩み」「女性の営業渉外業務への不安」に対する解消法をまとめました。女性の営業力を上手に引き出すための着眼点が満載です。

ソリューション営業のすすめ方

竹内 心作 著

A5判・並製・192頁
定価：1,759円＋税
ISBN978-4-7657-4551-2

ソリューション提案・提供による担当者と取引先企業の信頼関係向上、課題解決による企業活動の活性化、資金需要の増加を実現する上での第一歩となる「ソリューション営業」のノウハウを極力分かりやすく解説しました。他金融機関の担当者との「差別化」を実現するための一冊です。

金融機関店周の 開業支援便覧

銀行研修社 編

A5判・並製・272頁
定価：2,315円＋税
ISBN978-4-7657-4514-7

新規事業者の開拓では、開業手続・売上管理・従業員対策等の相談への対処や、業界の見通し・立地条件・開業費用・必要売上高を吟味する力が必要です。
本書は、店周にある116業種の開業に際して、当該企業の将来性の検証に資する必須情報を盛り込みました。

地銀・信金のための Ｍ＆Ａによる 顧客開拓

湊 雄二 著

A5判・並製・272頁
定価：2,222円＋税
ISBN978-4-7657-4490-4

本書は地域金融機関がＭ＆Ａ業務を推進し、顧客開拓を図る際の具体的な実務指針となることを目的に、事業承継型Ｍ＆Ａを円滑に進めるための具体的実務の要点を解説しました。難解な用語や表現を用いない具体的かつ平易な解説は、法人営業のベテランから若手までが使えるＭ＆Ａ業務必携書といえます。

銀行不祥事の落とし穴

井上 享 著

B6判・並製・208頁
定価：1,524円＋税
ISBN978-4-7657-4283-2

本書は、実際に発生した不祥事件を再現することで、その発生原因や背景、動機、環境などを浮き上がらせた金融機関経営幹部や管理者の必読書です。

銀行不祥事の落とし穴 第2巻

井上 享 著

B6判・並製・224頁
定価：1,600円＋税
ISBN978-4-7657-4341-9

本書は、13のドラマで事件の初期段階、更に深みに入っていく段階、もう後戻りが出来ない段階が描かれており、初期段階で食い止めることが職場責任者に求められます。金融機関役員、部店長、課長クラスの必読書です。

第二版 これで完璧相続実務

瀬戸 祐典 著

A5判・並製・384頁
定価：2,600円＋税
ISBN978-4-7657-4452-2

本書は、相続取引に求められる広範な知識、実務のポイントを分かりやすく解説した決定版です。第二版では、預貯金を遺産分割の対象とする最新判例および「法定相続情報証明制度」開始で大きく変わる実務に対応できるよう、解説・事例を追加し全面見直しを行いました。

▶最寄の書店で品切れの際は、小社へ直接お申込みください。